新入职社工的十一项操练

An Eleven-Step In-Service Exercise
for New Social Workers

莫世民 / 著

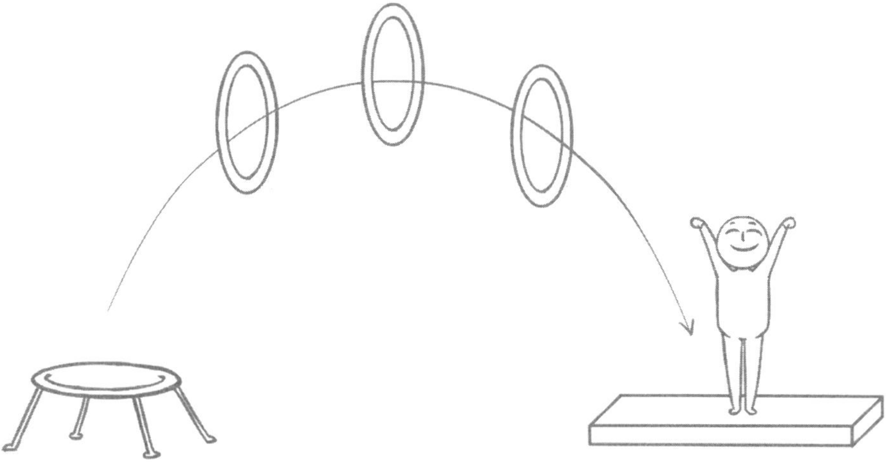

中国社会出版社
国家一级出版社·全国百佳图书出版单位

序　一

我首先恭喜新入职社工，你们将来会走一条与众不同的人生路。我也十分感谢世民邀请我为他的新书写序言。

世民是我大学的师弟，也是我在香港特别行政区社会福利署（社会署）的同事，我们都是20世纪70年代香港中文大学社会工作学系的学生，毕业后便在社会福利专业服务。

我们共同经历过在大学学习的艰辛岁月，初出“象牙塔”后的就业困惑，随后的技能缺乏和无力感以及因社会环境急剧变化而带来的专业上的冲击和反思，等等。我们有幸互相扶持和激励，在社会福利专业上走出了我们的路，亦造就了我们的事业。

世民在退休后仍积极投身社工教学及前线督导的工作。有感于国内社会福利专业已处于高速发展时期，而初投身该专业的新入职社工都有种种的困惑及对专业委身的怀疑，他经过细致、有系统的观察和思考，结合了我们在社工成长年代的困难，再加上他提携后辈的经验，用轻松的文笔和洒丽的文字，写成了这本书。

我看完书后觉得十分欣喜，世民是难得的有心人，将十一项大课题用深入浅出的方法向大家阐释。我不认为这本书是工具书，反而是社会福利专业新入职社工的心灵鸡汤及武功秘籍。大家选择走这条社工路，绝非一帆风顺，总有适应上的困难、疲惫和匮乏的感觉，也都会得到家人的支持，以及上司和同侪的帮助与指导，但是未必能系统性地论述社会福利专业方方面面的困难和解决方法。我相信这本小书提供了最直接的答案。它对于新入职社工而言，是一位24小时值班的无言老师，在有需要的时候拿起它，翻到需要指导的地方就可以再充电，继续有能量走这条不平凡的路。

我坚信世民这本小书，将会是大家的良师益友。我谨以至诚向大家推荐。

蒋庆华　BBS

香港特别行政区社会福利署前副署长（服务）

序　二

莫世民是我在香港中文大学社会工作系的同学，是认识多年的老朋友。他虽一向是谦谦君子，谨言慎行，但每当谈到社会工作，便滔滔不绝，处处显现对社会工作的热情和投入。他撰写本书的目的，便是基于对专业持续发展的期盼，对初入职社工新人的关心，希望协助他们尽快适应工作，继而成为社工精英。

我十分喜欢本书！世民兄总结多年来在香港及内地当社工督导的实务经验，运用敏锐的观察力，列举具体实际的事例，再以轻松的语言表达出来，不仅提供宝贵而实用的建议，还有助社工新人减压。例如，如何妥善部署第一天到第一星期再到关键的第一个月、认识自己的机构、清晰地介绍自己的工作岗位等。

本书虽注明是为新入职社工而著，其实不少内容及建议对有经验的社工、社工机构主任、社工督导皆有极高的参考价值，例如，如何掌握时事脉搏、压力管理等。故此，我诚意向大家推荐本书。

庄明莲

香港城市大学

应用社会科学系教授暨副系主任

序　三

我与莫 Sir 相识于 2012 年穗港合作的广州市社工培训及顾问试验计划，被他的价值理念和君子气度所折服，当即就邀请他在刚成立的广州市黄埔区同心社会工作服务社做专业督导。转眼间，我们已经在自喻“社工黄埔军校”的“长洲街家庭综合服务中心”相伴了 5 年。“年轻的”机构管理者和在这里工作过的前后 30 多位社工都深受他的关怀和影响，他的专业素质和人格典范，使我们获益匪浅。

莫 Sir 曾于香港社会福利署任职长达 30 余年，积累了丰富的实务与管理经验，见证了香港社会工作的发展历程。在广州市第一届针对新入职社工的培训中，莫 Sir 担任了“社会工作伦理”的导师，在入职伊始，为年轻的社工点亮一座灯塔。也许正是这个契机以及一路陪伴机构的成长，使莫 Sir 感受到年轻社工对专业陪伴和指导的迫切需求与责任感，于是笔耕不辍，玉成此书。

莫 Sir 为新入职社工撰写入职指南，在如今“来得不易、做得困难、走得无奈”的社工职场环境下尤为可贵。社会服务成效需要具有专业能力的社工来实现，而入职之初的指导和支持便显得尤为重要。因为理想和热情不足以应对职业带来的压力和挑战，失陷在困惑与迷茫中的社工也不在少数。对此，莫Sir在《新入职社工的十一项操练》一书中，系统地介绍了社工在应聘面试、适应环境、压力管理、提升专业能力等方面遇到的困难和问题，并提供有效的处理技巧与思维模式，帮助新入职社工更好地了解职业要求与机构期待，充分运用环境的资源提升自我。而本书也有助于社工机构管理者了解新入职社工在入职前期遇到的问题和需求，进一步为新入职社工制定合适的入职培训与指导，为其适应角色转变和工作要求提供支持。相信本书中许多实质可行的内容会使新入职社工及社工专业毕业的学生受益。

本书为莫Sir退休后推动内地社会工作发展的“黄金十年”工作计划增添了含金量，我们十分钦佩他把经验智慧和勤奋努力凝结成黄金送给我们。黄金般的价值，黄金般的沉重！作为第一代内地社工的开拓者，我们一定不负所望，用努力和行动诠释社会工作，从穿上工装的那一刻开始，让所有人都知道：我就是社会工作者，我所做的就是社会工作！

杨明宇博士

广州大学社会工作系副教授

序　四

与莫世民兄相识虽只有短短的数年光景，然而莫兄的谦谦君子形象，给我留下深刻的印象。

我认识莫兄是通过友人介绍。他当时刚退休不久，我获悉他正计划到广州讲授有关社工伦理与实务操守的课，便邀请他到珠海来为即将参与第一次实习的社工学生讲述在社工实务上要留意的伦理课题，他毫不犹疑就答应了。其后又得知莫兄在院舍服务方面有丰富的知识和经验，更贸然邀请他撰写有关院舍服务与社会工作的课程大纲（此课程大纲现仍为我校所采用，是社工课程选修课之一），亦获得他即时的应允。莫兄的无私精神和助人态度，令我敬佩。其后莫兄多次到珠海市参与社工督导培训活动，为内地的社会工作发展作贡献。

内地社工专业近年来蓬勃发展，同时也面对大量人才流失的困境。究其原因，除了薪酬和激励机制等方面的缺陷外，社工对职场的不适应也是一个重要因素。当今内地社会工作教育在专业实习方面未能给予足够的重视，准备踏足社会工作行业的社工学生在社工实务方面亦未能有足够的装备和锻炼机会；部分社工机构负责人欠缺经验，未晓得怎样去协助和引领新入职社工融入职场。

莫兄这次总结多年来在内地当社工督导的经验，融合自己在社工专业方面的丰富知识，完成了《新入职社工的十一项操练》这本书，实属沙漠中的甘泉。书中描绘了新入职社工的适应过程，也详述了多种有助于新入职社工适应职场的方法；书中的内容对新入职社工、社工机构负责人以及准备参与社工实习的同学，均提供了非常实际而且有用的宝贵讯息，同时亦对社会工作教育提供了参考材料。我谨此向大家推荐，并借此向莫兄予以衷心的祝贺。

吴耀辉
北京师范大学—香港浸会大学联合国际学院
社会工作与社会行政课程署理课程主任

自　序

笔者经历了40多年的社工生涯，督导了数以百计的初入职社工新人，看到他们最初工作时营营役役，战战兢兢，心里替他们紧张，经常想尽办法协助他们度过试用期。

新入职场，社工新人多有倒退行为（regression），经常怀念在校读书的生活，那时候凡事都有老师、学姐、学长指导，实习时只需要处理2—3个个案，学业成绩及格就好了，不像工作之后压力这么大，所以时常希望时光倒流回到读书的日子。

在大学选读社工，过程顺利，自我感觉良好。进入职场之后，没有老师在旁陪伴指导，服务单位指派的个案总是多而复杂，带领的小组成员众多，工作中常发生自己无法控制的事，完全没有想象中那么轻松，这些情况往往令社工新人缺乏专业自信，无法适应工作的情境和服务的要求。

社工实务情境缺乏明确性并充满着不确定感，新入职社工又缺乏实务经验，辅导技术不熟练、人际互动时出现问题，这些情况都会为新入职者带来压力。一般来说，新入职社工遇到的困扰包括：个案工作负荷远超预期、在学校所学到的理论知识与实际实务工作差距很大、缺乏自我管理和组织能力、小组和个案应变及处理能力不足、不知如何处理复杂的人际关系，等等。

过去，社会工作的认受程度较低，一般市民不知道什么是社会工作。近几年来，社会工作有较高的媒体曝光率，社会大众也有更多机会实际接触和认识社会工作，社工的社会知悉度与认同度逐渐提升。但仍有许多民众对于社会工作认识不全面或存在错误的认知，比如，义工与社工不分、城市与乡村的社会工作熟悉程度不同等。因此许多新入职社工每每向社会大众解释自己所从事的工作时，总是深感苦恼。

在面对复杂环境及工作压力时，社工新人容易出现适应问题，渐渐失去自信与专业热忱，有些更因吃不消而离职。根据2013 年广州大学调查报告，深圳自 2008—2013 年社工流失率从 8.2% 增长到 19.8%，东莞流失率达 20%，广州更超过25%。[①] 人才流失背后的原因十分复杂，但笔者深信，如果新入职社工能够在入职前做好充分的思想准备和能力储备，将有助于顺利度过适应期，留在社工行业继续发光发热。

自 2012 年起，笔者利用退休后的空闲时间到广州及内地多个城市参与督导及培训。笔者曾对 20 位进入社会工作行业不超过 3 个月的社工进行问卷调查，以了解他们新入职后对工作的感受、面对的工作压力与适应经验等。笔者也通过深度访谈方式进行资料收集，访谈对象为广州黄埔区和越秀区 3 家家庭综合服务中心 5 位入职 3 个月内人员。其中一位新入职社工作了一首打油诗，笔者征得她同意，收录如下：

---

① 梁祖彬：《家庭综合服务何处何从：香港与广州的比较》，资料来源：www. socialservice. org. HK/user_files/issd/22. 5. 2015% 20PPT% 20 – % 20Prof. % 20Leung. pdf，浏览日期：2016 年 8 月 31 日。

新进社工压力大，角色转换责任难；
社区工作无休止，案主要求难达成；
小组多而变化大，程序出错触天条；
领导超乎想像凶，缺乏支持身心疲；
社工身份难解说，难以融入感孤独；
环境人脉需适应，幸得同侪出手扶。

这首打油诗，反映了大部分新入职社工的心声。我们必须正视他们的适应问题。笔者深感内地社工发展仍在初生期，需要哺育，年轻社工对专业陪伴和指导的需求迫切，故希望通过推介一些自我操练的方法，让新入职的社工同行面对各种压力时，能见招接招、见招拆招，有效及有信心地度过入职后的试用期，成为社工精英，继续服务有需要的市民。

本书得以付梓，首先要感谢我的前上司蒋庆华先生［BBS，前香港特别行政区社会福利署副署长（服务）］、好友庄明莲博士（香港城市理工大学社会工作学系教授）、吴耀辉先生（北京师范大学—香港浸会大学联合国际学院社会工作与社会行政课程署理课程主任）及杨明宇博士（广州大学社会工作系副教授）惠赐序言，四位先锋在社工专业上取得杰出的成就，为本书锦上添花，不胜感激。此外，我要多谢李文俊先生和刘健怡女士为本书绘画插图，还有尹叶芊芊教授、梁伟康先生以及叶丽平女士对此书的推荐。我亦要感谢林绍裘先生、卢永勤先生和黄晓婷女士花费时间细心校对稿件。最后，我要多谢内子及两位女儿在写作过程中的大力支持。

本书承蒙广州市同行社会服务发展中心出资印刷，在此特别向其理事长杨明宇博士致谢。本书是笔者到内地作社工督导时所见所闻的辑录，由于见识和经验的局限，书中内容难免存在错漏之处，希望读者能不吝赐教，给予指正，以便在再版时作出修正，不胜感激。联系电邮：saimanmok@ gmail. hk。

莫世民　MH

CONTENTS

目　录

第一章

绪　论

人的一生中有许多的转折过渡时期。对社工学生而言，完成职场训练步入职场就业恐怕是最大的转折和挑战。相关的文献显示，在这个新阶段，除了期待和兴奋外，初出道的社工们更普遍地感到忧虑和害怕，存在适应困难的新入职社工并不少见，主要的困难表现在情绪、社会、行为、工作能力等方面。进入一家新机构难免都会面对适应问题。中国内地在 2008 年才开始全力发展社会工作事业，适应困难问题在内地社工学生进入职场时更显突出。这一阶段的特殊性并非仅限于环境的变化及由此导致的人际关系变动，还有诸多变化并发在两个非常特别的阶段。

（1）社会工作专业的萌芽期

在国家政策的大力扶持下，社工专业应运而生，且被迫迅速成长。社工机构如雨后春笋般涌现和成立，稳定性不足，管理有待完善，行业充满变数和挑战。这个新鲜出炉的专业，社会认知度不高，面对较多的不确定性。社工是否能提供适当且有效的服务，是否值得案主信赖等，社会各界对此普遍存在疑问。

（2）初出茅庐阶段

年轻的社工初出茅庐，人生经验尚浅，抗逆能力低，承受挫折、打击的能力不足，稳定程度也不强，有学历但实际能力不足，外表成熟而心智仍属稚嫩。因此，新入职年青一代常被贴上草莓族、水蜜桃族、寄居族、归巢族、飞特族、尼特族等负面标签。

这个阶段的适应困难可能会对新入职社工的长远发展造成不利影响。如果过渡不好，不但自己的职业生涯会遭到搁浅，还会带来心灵上的创伤。怎样帮助新入职社工见招接招、见招拆招，顺利平稳地度过孤独期，适应职场环境，并在入职机构取得良好发展，都是机构管理者和督导应该关注的重要职责。角色转换对新入职社工自我体系（self-system）的冲击是社工界常议、热议的题目。本书将根据已有研究，深入探讨这一转折对新入职社工产生的影响，并检视冲击的来源，提供应对的十一项操练，供新入职社工参考。

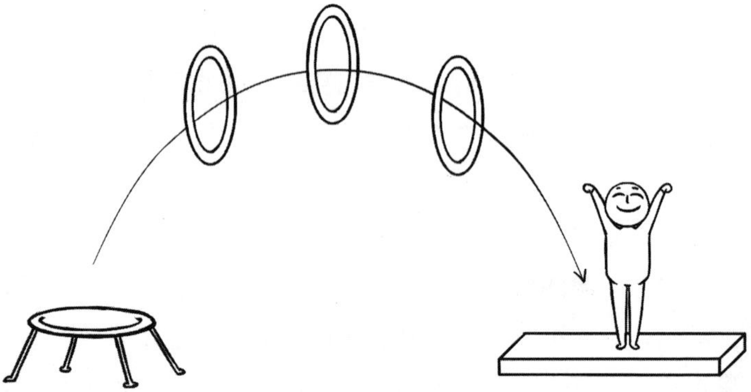

角色转换

一、新入职社工角色的转换

对于社工新人来说，最不愿意听到的就是案主说“还像个高中学生”。的确，职场生态与校园环境、氛围等有很大的差别，初入职者需要在身份、心态、角色、仪态等各方面做好准备。资深社工与新入职社工最大的差异在于两者对工作的认识和行为的不同。相关文献显示，进入职场后，部分新入职社工多以自己为中心，做事喜欢谈个性、谈理想、谈辛苦、谈回报，因此在心理状态、工作表现、专业活动的参与及行为等各个方面或多或少出现适应上的问题。这几方面相互关联、相互作用。例如，心理调整不当会影响个案辅导工作，工作绩效不理想则可能削弱专业自信。新入职社工应该意识到，个人的表现不仅会影响机构的形象，更会影响整个社工专业的认受性，故需要积极地进行自我操练及自我完善，以适应工作环境。

新入职社工在试用期的工作表现会受到雇主关注。相关研究指出，在大学阶段学业表现好与工作表现没有直接关系，过往学业表现不理想者可能在入职后会有优越的表现。此外，成就是否有性别差异还不清楚，也没有调查发现这一转折带给新入职社工的影响会因性别而有所不同；男女生在自信、对工作的准备及考核绩效上的能力程度相似。但有一点可以肯定的就是：由于国内男性就读社会工作专业的比例较小，在就业市场上供应不足，招募困难，因此他们在职场的优势是明显的。

毋庸置疑，职场成就与终身学习动力有关，在进入职场这一阶段的转折中，社工新人的自我系统和动机体系（motivational domain）需要关注。刚出道的社工对工作的态度、成就动力、内在及外在动机都在这一阶段发生转变。据笔者观察，自信心及自尊心（self-esteem）受到了冲击是就业转折的核心问题。

新入职社工的自信心在进入职场后也许并未下降，但心理不适（psychological distress）却很明显。这里的心理不适指的是压力及情绪变化，比如高兴、悲伤、忧虑等。进入职场可能带给新入职社工心理调适的困难，主要表现在自我评价降低和情绪低落，心理学家称这个阶段为“入职孤独期”。

二、对服务机构及行业的看法

进入职场之后，部分新入职社工对机构及行业的看法逐渐发生转变，还有研究表示新入职社工对工作机构的满意度，对所学专业的态度，以及对人（上司、同工、案主等）的看法都与之前有所不同。

尽管在某些问题上存在争议，现有文献一致认为进入职场是一个具有挑战性的转折。它带给新入职社工多方面的冲击甚至困扰。从大学进入工作机构，新入职社工置身于一个陌生的环境，而且面临着新的角色期待、人际关系和人生任务，尤其服务机构等用人单位的实际工作环境，包括硬件配套和机构文化相较于学生时代有着显著的差异。

三、社会人际环境的改变

社会人际环境的差异首先表现在入职社工、机构管理层及同侪的关系上。求学阶段的结束，工作阶段的开始，打破了社工在前一阶段建立的社会关系，尤其是朋辈关系，这些变化给部分新入职社工带来不小的压力和挑战。对此，过渡期的新入职社工需要付出极大的努力来做出调整，积极建立新的社会人际关系网络并重新为自己的角色定位，以适应社会角色连续性的破坏以及工作内容和层级结构。

（一）与机构管理层的关系

中小型社会服务机构的领导层在人数上少于大专院校的老师，机构的不同科层人员分处不同社区，员工分别由不同领导人员带领各自独立工作。根据笔者的观察，新入职社工与高层领导的个人接触机会不多，以笔者工作的两所广州越秀区家庭综合服务中心为例，其总部位于天河区，其 CEO 及助理 CEO 的办公室设于总部，每月到中心只有一两次。新入职社工觉得与领导层有疏离的感觉，获得领导的支持也较少；由于对机构的领导人员并不熟悉，因而不敢主动向他们请教求助，沟通十分有限。相反，在另一所黄埔区家庭综合服务中心的 CEO 是大学讲师，每隔一两天便到中心巡视，提供现场（on the spot）督导以及情绪支持，他与前线同工关系密切，遇到问题的时候会一起面对，团队气氛浓厚，对中心的员工事务及服务使用者皆做到事事（Anything）关心、人人（Anyone）关心、时时（Anytime）关心及处处（Anywhere）关心的 4A 关心。因此，笔者认为，来自领导的支持越大，新入职社工就会觉得自己越有价值，对工作会较为投入，在相反情况下，新入职社工则感到较低的价值感。但在现实环境中，员工与领导的关系大多缺乏信任，领导对新入职社工注重的是纪律、操控以及个人责任感。

（二）与同侪的关系

从发展的角度看，新入职社工与工作伙伴的关系在这个阶段显得极为重要，这种关系是相当广泛的，但缺乏稳定性。由于同侪的年龄和资历相较于学校同辈群体发生了变化，在大学里曾是年龄和经验最丰富的社工毕业生，受聘进入机构后却成了最年轻最缺乏经验和资历的员工，而这种“年轻”往往给社工开展服务造成了困扰。在笔者对 20 名新入职社工的调查中，有接近半数的新入职社工对将要面向年龄大于自己的服务对象提供辅导表示担心。

（三）其他改变

进入机构后，新入职社工要学习一整套与学校不同的机构规定，这包括对迟到缺席和纪律方面的规定、办公室文化等。机构对新入职社工的行为大都有明确的行为准则，这些行为准则是与学生时代的要求差异很大，而且在执行上比较严格。新入职社工能够做选择、做出决定和自我管理的机会不多。

不同机构评量新入职社工表现的方法也不尽相同。部分机构领导团队在评量新入职社工的能力和表现上用的标准很高，而且在衡量表现时会以社工所付出的努力和取得的进步作为考虑的因素之一。

四、适应困难的原因

为什么新入职社工进入服务机构或多或少都会出现心理调适问题呢？笔者从以下两个角度进行分析：

（一）根据多重压力理论，生活中多种变化同时发生，往往会带来适应上的困难。对新入职社工来说，新入职的转变刚好与成年期（19—35 岁）的人生阶段同步，造成他们在适应上的困难。进入职场加上成年期的生理、心理和社交的变化使年轻社工无所适从，究其原因在于同时应付多种变化，比应付单一的变化更为困难。有学者指出，自信心的降低是因为需要同时经历多种变化——包括与大学同学分离、远离家乡、初入职场、理论与实践出现鸿沟、面对不同价值体系及社会角色转变等压力。

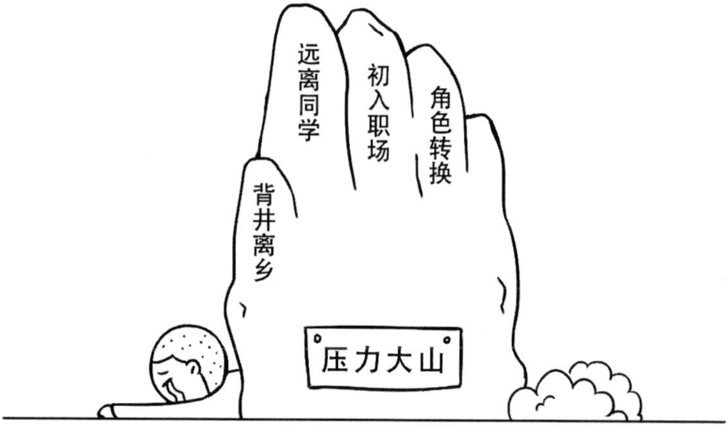

（二）依据人与环境相适应理论，人的心理需要与社会环境特征是否相符将会影响个人的动力和心理健康。现实的情况是：进入职场的年轻社工的身心发展的需要与机构环境大都是不相符合的。成年初期的社工自我意识较强、敏感，而家庭综合服务中心等机构重视表现和能力。随着年龄的增长，新入职社工想要更多的自主权、自我管理和作出决定的机会，而机构管理层的想法则与新入职社工相反。就在进入成年期的年轻社工们最注重同伴关系的时候，离开大学进入职场破坏了他们原有熟悉的社会网络；就在他们尝试发展自我而需要家庭以外的成年人的聆听和支持时，大中型机构大而官僚式的组织结构却不能提供这种支持性的关系。

五、怎样帮助新入职社工适应职业环境

对入职后的适应困难，在了解问题及其原因后，我们应怎样去具体地协助新入职社工呢？

在地区层面上，广州市社会工作协会从 2013 年开始举办了多届“广州市家庭综合服务中心新入职社工培训班”（笔者是培训员之一）；深圳、珠海等地区也有类似的新入职社工的训练。在机构层面，机构管理层也应在政策、管理、工作分配、活动策划等方面提出应对策略，以协助社工新人解决步入职场所面对的问题。广州、深圳等地的社工机构多是 2010 年后成立，组织架构、公司文化、服务策划能力已具雏形，但对怎样协助新入职社工多未有长期及完整的规划。从长远角度看，怎样对机构环境、物质及人文社会进行建构，使其更符合新入职社工发展需要，是一个值得考虑的工作方向，不仅是对刚入职社工，对其他较资深的员工也会因此而受益。

符合年轻社工发展需要的机构应该是一个以社工专业为中心、温暖及有人情味的单位，应尽量给予新入职社工机会尝试做决定，至少让新入职社工部分参与机构内部规则的制定，同时又对他们有明确的期待和制约。督导与主管应更具员工导向，和社工建立紧密的关系。青年社工一方面追求表现，另一

方面仍非常需要机构在实务和心理上的支援。在督导方面，应采用人性化及多种支持方法为社工创造自我发展的机会，并按能力指派个案及小组等工作。

六、新旧社工的友谊建立

针对进入职场这一特殊时期，机构管理层可以设计过渡活动，以帮助新入职社工尽快适应机构、社区等环境，顺利度过这一阶段。笔者从过往工作经验中总结出如下一些有效的方法。

（一）原则

1. 协助社工新人适应过渡期活动可安排在入职的前、中、后期。活动的范围应涵盖这三个阶段而不应只放在前或中期，而忽略入职后期的适应问题。

2. 过渡期活动的设计应由机构内不同组别，如家庭组、长者组、青少年组等服务领域的同工参与。

3. 过渡期前后的督导以及机构管理层的支持非常重要。督导及主管在这一阶段的情绪支援可以减轻新入职社工对新机构的压力感。与督导、机构管理层间的互动有助于新入职社工在机构得到合理的关照，某些社工新人的特殊需要也会因此得到关注。

4. 虽然大专毕业的社工已处于相对成熟的阶段，但仍需要得到家庭及同辈的支持。关心子女并懂得其发展需要的父母对新入职社工过渡期起到保护作用。家庭及同辈支持可降低年轻社工在这一阶段的患得患失、战战兢兢、抑郁感和对自我的消极感觉。

5. 另一个重要的因素是机构内支持系统的建立。成功度过转折期的条件之一是同侪间的支持。机构应采取各种措施让过渡期的社工尽快在新的环境里结识新朋友，建立新的社会网络。管理者也可以在过程中让工龄较高的社工参与帮助新入职者融入机构中。

6. 在社工离开院校进入用人单位前，学校应通过各种途径，如就业讲座，让社工学生在入职前做好准备。

（二）试用期适应活动的例子

机构可以通过开展多种有创意的迎新活动来帮助社工毕业生度过这个人生的转折点，顺利地进入职场。新入职社工应利用这个机会，多向前辈学习：一是避免犯错误；二是多了解机构情况；三是避免踽踽独行。一般迎新过渡活动包括：

1. 入职前到服务机构参观，并与社工人员沟通互动。

2. 信息提供——社福机构等用人单位编制小册子，介绍机构的服务、日程及其他事项，供新入职者参照。

3. 导向活动（orientation programs）——由机构设计，活动在新社工入职后立即举行，可分三四天进行，介绍的内容主要涵盖用人单位的服务、组织等各个层面。

4. 机构等用人单位应考虑多组织活动，比如俱乐部及特别兴趣组，让新入职社工有机会互相认识，结交朋友。

5. 为新入职社工安排一个资深的指导者（mentor），让新入职社工在需要时可以向其求助。

6. 对于有适应困难的新入职社工，可以采用同伴辅导（peer-tutoring）或朋辈指导（peer-mentoring）的方法，加以协助。

小结

新入职社工在工作上的适应与发展是国内社工教育热议的主要课题之一。虽然社工新人在入职过渡阶段出现的适应困难与发展障碍具有普遍性及严重性，但相关研究文献并不多。

从新入职社工发展的角度看，进入职场这一过渡阶段刚好是他们职业生涯的开始。这个阶段的新入职社工能承受压力的程度、人际关系的处理能力和情绪稳定度等相对较低。高校出身的社工虽有较高学历但实务操作能力尚欠火候，面对追指标、追报告、赶评估等实际工作，应变能力不足，内心也相对较为敏感和脆弱。从应对压力的角度看，身心变化加上就业环境的变化造成新入职社工面对较多适应及发展上的困难。从人与环境相结合的方面考虑，服务机构的环境，如人际关系的表面化、对绩效竞争的鼓励、对新入职者专业自主的限制等都为新入职社工带来挑战。

针对适应困难问题，大部分机构为新入职社工举办了试用期迎新活动，协助社工尽快适应工作环境。有效的过渡期活动应由新入职社工和机构其他工作人员共同参与，社工的工作繁重，负有重要社会责任，拥有一两位互相支持的同事是十分重要的。对新入职社工来说，同事就是他们最大的动力和工作热情来源。让新入职社工充分熟悉机构及社区的环境，并帮助新入职社工在工作岗位尽快建立社会人际网络。过渡活动应在社工的试用期前开展，并要延伸到试用期中、后阶段。

对于新入职社工的发展来说，当他们仍在摸索阶段时，应多加鼓励、欣赏和肯定，让他们多感受一些工作上成功的经验，不仅可以帮助他们肯定自己工作的价值，同时也能推动他们留在这个行业，继续为有需要的人服务。

此外，入职社工也要有足够的心理准备，并依靠自身努力，去克服工作生涯最初阶段的种种困难。笔者希望本书的十一项自我操练能协助新入职社工度过这工作生涯的重要时刻。

第二章

入职的适应阶段

在这一章，笔者采取了个案研究方法对新入职的社工进行访谈、观察、了解、分析，希望在此深入了解他们的主观感受，从新入职的社工的视角和观点来了解入职前后的适应情况。

笔者将新入职社工适应机构的过程分为五个阶段，分别为：入职前期、入职后无组织期、重新组织期、关系建立期和稳定期。社工机构必须小心应对新入职社工的需要，在适当的时候加以辅导和支持。根据笔者的分析，将各时期新入职社工的表现及适应所需要时间简单表述如下：

适应阶段	新入职社工的身心表现	适应时间
入职前期	a. 思考投身社会工作职场的策略，与别人分享想法、内心或会出现挣扎。 b. 决定进入职场后，会考量投身在哪个服务领域、工作地区，申请哪个机构等。 c. 准备求职面试。 d. 获聘后整装待发。	1—3 个月
入职后无组织期	a. 由于角色、环境、社交圈子的改变，身体、心理上会出现适应变化，对工作充满期待。 b. 在试用期内表现战战兢兢，患得患失，步步为营，信心不足。职业心理学家称这个阶段为“职业孤独期”。 c. 新入职社工必须处理并整合过去和现在所面对的改变。	有 90% 的新入职社工需要 2—4 周时间度过此时期
重新组织期	新入职社工会开始在机构寻找工作的意义和自己可以接受留下的理由，探索并询问许多生涯规划的相关问题，尝试解决工作中所面对的挑战等。	一般需 1—2 个月时间方可度过此阶段
关系建立期	新入职社工在安顿下来后，会寻找机构中与自己比较投缘的员工，较为积极地去建立感情上的依附关系，同时也重新建立新的社交圈子，融入工作团队。此阶段会与同事真诚相处，培养人脉，打好群众基础。	入职 3 个月以后
稳定期	开始建立归属感，也会帮助其他新入职社工适应机构工作环境。	1 年以后

一、入职前期

社工刚从学校毕业时，对于人生接下来该往哪个方向走，都会感到彷徨：是否真的要投身社会工作专业？到哪个城市工作？要投身哪个社工领域？申请哪个机构职位？在确定自己人生下一步前，大部分社工毕业生对未来充满不确定性和期待。

入职之前的心理准备

许多社工毕业生在求学时期就对社会工作一直保持很高的兴趣，期待毕业后能够服务困难群体，尽管如此，在真正就业之前仍会有其他的考量。因此许多社工毕业生会选择通过实习的机会来进一步确认与检视自己投身于社会工作就业职场的意愿与适合性，以作为毕业后是否投身社会工作就业职场的判断依据，因此，实习对社工学生毕业后是否从事社会工作有很重要的影响。有些社工毕业后投入职场的过程是相当顺利的，也有部分毕业生因为找不到自己心目中理想的工作或在求职历程中经历挫败。一般来说社工新人的抉择包括以下几个方面。

1. 没有找到理想的社工工作，有些社工毕业生是决定先从事别的领域的工作，于日后再找机会重返社会工作职场。

2. 有些毕业生则初心犹在，决定坚守在社会工作就业职场上，坚持到底、不作他求地选择在自己心中首选的机构去服务。

3. 有些社工专业的大学毕业生在毕业之际对社会工作并不排斥，但也谈不上有很高的兴趣，因此还是先尝试找寻其他领域的工作，但因尝试过程不顺利，最后还是进入了社会工作职场。

4. 有的社工毕业生最初是被“调剂”到社工系，很早就打算不找社工的工作，但限于所学，不知能否做其他什么样的工作，最后也只好勉为其难地进入社会工作职场。

除了动机有所不同外，笔者也发现了一个十分有趣的现象，无论社工毕业生当初是基于什么样的动机和经历什么过程进入了社会工作就业职场，很多社工专业的大学毕业生都抱着“既来之，则安之”的想法，会有“既然读了社工专业就应该要去尝试一下社会工作的相关工作，否则会觉得很可惜”的想法。特别对刚从学校毕业的社工来说，会有更多希望“体验”的想法存在。

> 毕业的时候对未来会有很多的彷徨，应该选择哪一条路？跟同学到广州，还是深圳去找工作，还是留在当地？都会感到疑惑。（小艳）

当初读社工就是希望在这个领域做点事，毕竟读了4年，你不想去尝试是否真的对社工感兴趣吗？如果不去试试自己是否有能力胜任这个领域的工作，难道不觉得有点儿可惜吗？（美秀）

一般来说，社工学生在入职前的历程包括：

- 考虑是否继续读硕士，还是先进入职场积累社工实务经验。
- 面对毕业后决定投身社会工作专业职场的动机、想法、考量与挣扎。
- 决定进入社会工作职场后，会面对选择工作领域（安老服务、青少年服务、医务社工等）的考量。
- 经历求职面试的过程。
- 正式开始工作前的期待。

1. 入职前的生涯规划与心路历程

毕业即失业，许多社工毕业生也遭遇过同样的处境，期待自己从毕业到就业的失业空窗期不要拖得太长，最理想的状况是一毕业就可以工作。

我是4月中旬开始找工作的，我不想时间安排上有空当。因为如果不在6月前找到工作，离开学校后你就没有钱可以维持生活。（美秀）

小关在求学期间已留意社工职场的生态，因为考虑到社工的工作负荷压力，如果将来自己结婚生子后，可能就没办法同时兼顾工作与家庭，因此小关在投入社工职场前，就已给自己定了初步的人生规划，打算从事社工几年之后再转行到幼儿园教学，可以同时兼顾工作与家庭。

> 我想大概先做几年社工吧，之后就成为一名合格的家庭主妇，同时再找一份兼职。我觉得当社工太累了，我就先做几年的社工。因为我觉得如果以后结婚的话，社工太忙碌了，会很累。（小关）

2. 面试经验

面试经验

找工作面试，对社工毕业生来说，是关乎前途的关键时刻，因此准备功夫要充分，要留意穿着并做足功课。面试前先了解机构的背景、业务、规模等，最基本的资料一定要了解，否则如果对方问起而回答不出，便会觉得你缺乏诚意，没有做好准备。此外，进入职场就要塑造出与工作角色相对应的形象，注意服装和仪态，做好入职转型，并准备好自我介绍。除了基本资料之外，应该讲一些自己的优势以触动对方，给对方留下深刻印象。面试当日，避免父母或朋友陪同，最好早到

15 分钟，一定不可以迟到！而且在接待处等待面试时不要打电话、玩手机消磨时间，这会让人感觉你不够尊重、缺乏耐性，应关掉电话铃声，平复自己的情绪，酝酿面试的心情。面试时，请务必将手机调至静音或振动；万一忘记了调静音或振动，而又有人打电话给你，千万记得不要接电话，并将电话调至静音或振动，并道歉。当然，面试难免会遇到失败，但这并不是天塌下来的大事，世界末日也不会因此到来，所以不要因为几次面试失败而气馁！你应该要有正向思考，想的是：

- 收拾好失望心情，检视自己可以改进的地方。例如，增加对行业的了解，通过做义工增加相关的工作经验；要接受一种信念：对方没有录取你肯定是有理由的。

- 没能得到这份工作，可能真是因为你未准备好去迎接这份挑战。即使勉强被录用，反而会带来更多矛盾及挣扎。记住，不要因为被拒绝而一蹶不振，要继续努力。

小清在毕业后很快就找到了工作，可是当初面试过程中的失败经验，也一度令她对是否要投身社会工作就业职场有所疑虑。

> 我跟同学小安同时面试一个机构的社工职位。我们面试了两次，最后一次面试的时候，就剩下我们两个，然后一定要选一个，最终就选了她。（小清）

然而更多刚毕业社工受访者不像小安这般幸运，一毕业就马上找到工作。小艳从学校毕业后就一直满怀热忱期待能进入社会工作职场工作，但她的求职历程充满波折。她整整花了 5 个月的时间在求职面试上，一次又一次的挫败经验重重打击着小艳的信心，到最后她对于能否进入社会工作职场工作已经感到心灰意冷甚至不抱任何希望。为了生活，她只好骑驴找马，先从事其他行业的工作。

> 不是我不想做社工，而是忽然发现要进入这个行业并没有想象中那么轻松。我所接触到的机构大部分都是要求要有经验。它们不太愿意聘用新人，它们要的是经验，如果没有经验，最起码你要有自信。可是我不过是一个刚走出校门的黄毛丫头，我很难对自己现在的社会工作实务能力有自信。(小艳)

从20位社工新人的经验分享中，笔者发现许多社工毕业生对即将赴任工作的内容会有初步的了解，而且对即将开始的工作满怀着兴奋与期待，在即将开始的工作上都勉励自己能好好表现并有所发挥。但在这兴奋与期待的心情背后，也夹杂着担心与害怕，担心自己的能力不足，害怕自己难以满足机构的要求。

二、入职后无组织期

许多刚从大学毕业的新手社工缺乏工作经验，知识储量还处于入门阶段，信心不足，因此对于机构的工作安排或要求大多不抗拒，会照单全收，逆来顺受，任劳任怨，不会有不平衡的感觉。当感受到适应上的冲击时，会怀疑这与先前从学校学到的知识、实习经验或个人人格特质有关。工作的实质和窍门需要自己去体会和请教。笔者觉得这时在机构中找到一个引导者是最迫切的事。

大部分新入职社工适应期的经历并不十分愉悦。有些新人一进机构马上就要接手上一任社工留下的多件个案，根本没有

引导者——前人的脚印

空间与时间去适应。站在机构本位主义与用人的立场来说，它们需要的是能够立即上手的员工。和实习不同，一般机构都喜欢有工作经验的人，这样可以节省培训的时间和成本。然而对刚毕业的社工来说，失望、落差与冲击往往就在此时产生，特别对一些制度和规模没那么完善的机构而言情况更为严重。这时新手社工应尽快克服落差感，适应新角色。

一进入机构几乎马上就要开始工作，没有所谓的交接，也没有什么工作说明会。我们去那边的时候马上就接手了一个大型活动，一个星期房子也没有找，找也找不到，只能一直待在同学家里面。(林姐)

林姐是从新疆背井离乡到广州工作，刚进机构时，除了要赶快适应工作上的种种状况外，还要花时间适应广州的新环境与新生活，需要较多的支持和较长时间去适应。

三、重新组织期

社工进入职场2—3个月后，开始要面对的是工作的实际情况，这可能与当初对工作所抱持的期待出现落差。

1. 工作与被聘时主管承诺不一样

实际进入职场所面临的工作状况，有可能和在面试时主管所给予的承诺及所描绘的情形不一样。

小晴就有这样的感触：她在面试时，听到机构面试主管对工作的介绍时满心欢喜，期待进入机构工作后能发挥自己的作用，却没想到进入机构后所负责的工作却与面试主管所讲述的完全不一样。

> 面试时，我一直以为自己去家庭组，跟进里面青少年的个案，我问过面试主管是否如此，他给了我肯定的答复，所以自己就有了这样的期待。可是上班后，我从事的却是长者方案规划的工作。（小晴）

巧珍与林姐在正式进入机构工作前，对于即将开始的工作充满了兴奋与期待，在进入机构工作后，都感受到与面试主管当时所描述的工作不一致的情况。

> 我进去后有被骗的感觉，因为我面试的时候就问过主管，这个机构是否聘请了有经验的香港督导，让我有问题时可以请教，他们的回答是有的，可是进去后发觉没有香港督导。对此我非常气愤。（巧珍）
>
> 进入工作之前主任说：这个督导会帮你，那个组长可

以帮你，可是后来发觉督导只有周一才来，甚至只有下午才过来。主任常常不在，我光等他的一个回复就可能要等好几天。文件一直被压在下面，之前我并不知道会有这样的情况。（林姐）

2. 工作上不合理的要求

许多新入职社工由于缺乏工作经验，对职场会感到陌生，在职业生涯开始之际，多持有学习心态，对督导、主管及其他社工前辈的工作指派多会照办，不会抗拒或觉得不公平。因为他们并不能够分辨被安排的工作究竟合不合理，即使有问题，初生牛犊多不会觉得不公平，也不会去计较。这个时期的社工不管好的、坏的工作指派都会全盘接受：吃苦就当吃补品，合理的要求当训练，不合理的要求当磨炼。[①]

努力实现机构要求

① 许祖维：《解构“专业”：社工系大学毕业生离开社会工作的历程》，台湾暨南国际大学社会政策与社会工作系硕士论文，2007 年，第 264 页。

很多社工新人满怀期待，充满热忱，准备进入职场，在进入机构开始工作时也没有做好自己的期望管理，之后却发现机构工作的实际状况与自己当初的期待有所不同，与求职面试时主管所承诺的情形有所差异。这些落差在他们刚步入职场时就留下了负面的印象。

整体而言，社工新人在重新组织期需要的适应包括：

- 对职场环境与工作的适应；
- 对服务使用者的适应；
- 对观念冲击的适应；
- 对组织文化的适应；
- 与督导沟通的适应；
- 对角色的适应。

一些没有自信的社工，在这个阶段会有过度依赖的表现；有些则一进机构就被过量的工作击溃，根本就没有时间去适应；但也有些社工适应得不错，在入职很短的时间内就可以如鱼得水。

就笔者观察，社工适应时间的长短，一般决定于下列因素：

（1）个人因素

这包括：①你是否愿意接受工作上的挑战；②你是否愿意改变观念，不拒绝琐碎的工作；③你是否是个轻易放弃的人；④你是否情商（EQ）及人际相处技巧不足；⑤是否不能认清部属角色，不懂得与上司相处；⑥你是否过于急功近利，过分重视自己的权益；⑦是否专业知识储备不足。

上述提问都涉及个人因素和能力问题。能力稍逊者需要较长时间去适应。

校园是一个张扬个性的地方，职场则不适合过分展示个性。不论能力怎样，初入职者要谦虚，要少说话，多倾听；少抱怨，多做事，这会令你较快并容易适应工作环境。

（2）工作要求

小孙在职场中所遭遇的困难主要是来自工作的要求及内容。因为工作能力与表现优秀，入职大半年的时候他就被提拔担任长者组的组长，因此就职初期就面临了“心有余而力不足”的情况，整个过程让小孙感到非常不好受。

> 我觉得管理是门很大的学问，因为你必须要带底下的人一起做事，但是带不起来，因为他们的工龄都2—3年以上，我是那个领域里面最年轻的。本来和他们一起工作就已经遇到了一些阻力，想进一步与他们建立信任关系，就更加觉得无能为力了。其中有个原因就是我太年轻当主管，没有人事管理的经验，有些事情对我来说压力非常的大。我记得我刚当组长不到一个月，就有同事向我摔公文。(小孙)

小孙的适应问题与未熟悉工作内容有关，加上缺乏足够的管理才能，才会跌进工作的谷底。

无论在任何环境下，社工新人要学会服从上级，要执行上级指示。作为新人，决不能因你的上级比你年轻或是比你学历低，就不愿接受指挥，一定要清楚他能成为上级，一定有道理。

（3）环境因素

可用以下两个案例来说明。

案例一

小雅在工作的适应上，主要来自对工作大环境的无力感。

我们的工作是照顾独居老人。在服务过程中我发现，很多独居老人的结构性问题是我没有办法改变的。不只是我没有办法改变，机构也没有办法改变，整个环境都没办法改变，这让我越来越灰心。因为就算我每天去看他，还是没有办法改善他的生活。我觉得自己当一个社工，就是想要来帮助人啊，可是这样下去我真的能帮到他吗？（小雅）

案例二

淑玲也是一个很特别的例子。她指出自己在职场上的适应、看法与感受，与她过去的社会历练有关，这可能带来一些适应上的优势。

我毕业之后做过其他工作，积累了一些社会经验，所以并没有百分之百地坚持我学到的一定是对的。但有个同事刚毕业，非常相信老师说的才是对的，主管说的、做的

理论与现实

都是错的。他在这方面还蛮固执的，所以在入职初那段期间，他还经常跟机构里面的一些人辩论。环境改变了，中心不再是学校，在中心做“顶心杉”，只会令人厌烦。（淑玲）

小结

新入职社工面对的都是陌生的同事和环境，需要摸索和适应，容易出现患得患失的感觉，这是紧张的最大根源。

即使是最有自信的社工，开始到一个新的工作岗位，也会不大习惯。所以，无论你在入职时是感到轻微还是有无法控制的焦虑，都不必诧异。充分运用本书接下来几章所提供的建议，相信一定会对你有所帮助。

第三章

操练 1：妥善部署关键的第一个月

新入职社工们，你的工作生涯开始了。

恭喜你。曾几何时，与其他社工学生一起竞争工作机会，你击败众多对手，机构录取了你，可以开始踏上助人之路了。现在除庆祝之外，你需要在心态上及时调整，好好地迎接新的挑战，可以小试牛刀了。

你即将要面对的职场，是一个提供社会工作服务的环境，为身处不利环境的人谋福祉，你的存在价值体现在你是否能有效地辅导及解决案主的问题。试想，如果你是机构的负责人，你聘用的社工只是想每天准时上下班，过了试用期后，工作上的表现也只是得过且过，你会很乐意地付这份薪水吗？你是否会想办法去找另外一个更认真、更负责、更进取的社工呢？

一、入职前的心理准备及战略部署

作为督导，我犹记得与一个新入职社工第一次见面时的情景。她告诉我她已向父母说明自己已经是入职社工，进入试用阶段，请他们给予适当的支持；向伴侣说明自己未来一年的生活优次排序将有重大改变，希望得到无限量的支持；她还向新知旧友说明在短期内将减少与他们把酒谈心的时间，望得见谅。

我对每个新入职同工都会提醒他们要注意身体健康，要早睡早起，不能像大学时代那样到凌晨时分才睡觉；要经常运动，时常保持神采奕奕的状态，因为我不想见到社工的精神面貌比案主还差。试问社工看上去比抑郁案主还要抑郁，那怎么让人对社工有信心呢？

对于新入职社工，刚开始时团队员工一定会对你多加包容，但如果没有在前几个月中努力适应新环境，蜜月期过后很多问题就会像不定时炸弹般爆发。以往有“三年、三个月、三天”的说法，就是说一个社工要在工作岗位上待上三年才会“满师”，可以相对做到专业自主（professional autonomy），独立工作。但在事事讲求效率的现代，机构经常要追指标，赶评估，没办法有这么多的时间和耐心去等待你的成长。新人在适应的步调上必须加快，三天内就应该把机构各个领域的同工名字记熟，三个星期里要完全了解业务内容，三个月内就必须能够独立处理小组或个案。

其实所谓的“适应”并非新入职社工单方面的课题，“适应新的工作环境”和“机构适应新聘用人员”是互为表里的关系。有了这个认知，就要积极让机构来“适应”你，尽量增加自己露脸曝光的机会，加深自己给他人留下的印象，多争取些学习机会。

新入职社工态度要积极，要正向思考并能够时时调整自己。积极的做法会呈现你的态度，你的态度往往决定你的行为，你的行为又决定你的人生。刚开始投入社工行业时，常会碰到很多挑战，容易有负面思考的人，这时你的挫败感或许会增加，落入恶性循环中。故新入职社工应建立正向思考，从挫折中找到问题、看到自己的不足之处才是重点，针对自我的不足或缺点及时调整、学习、找方法、请教别人等，为自己建立永远带不走的 know-how，这样的开始将有助你更好地适应职场。

二、关键的第一个月

第一个月，是适应新环境最重要的时间，注意事项也特别多。如果在往后三个月中也能对这些注意事项多加留意，相信很快就能跟机构工作团队融合在一起。我们将第一个月应该注意的事项列出，这些都是最初适应的关键事项。工作在生活中占相当重的比例，因此，全方位的均衡对策是绝对必要的。

1. 事先准备

（1）首先要收集与你服务机构相关的资料，譬如组织架构、详细业务内容等。如果能进一步了解机构的专业使命、机构对社工专业的价值观、愿景、使命与伦理、机构运作特色、直接服务的知识与哲学、服务的方法和过程等，就更加完美了！

（2）应该给自己留一些休息过渡的时间，将情绪和心态调整好，这样才不会将过去不良的生活习惯带到新的工作岗位去。

（3）先确认地铁、公交车的路线——什么时候出门才不会迟到、会不会塞车等，事前安排好才不会手忙脚乱。第一天迟到就不好了。

2. 重要的“第一天”

（1）设法先了解该机构员工的穿着风格，不要穿出入太大的衣服到机构。国内一般社福机构有特定的工衣制服，故不用在这方面操心。第一印象对日后会有很大的影响，应注意仪容，沉着镇静，这将给机构留下深刻印象。

（2）千万别迟到，不妨提早5—10分钟到达。

（3）迎新（orientation）的方式、内容和长度都很重要，而且不同的单位也会有不同的迎新方式。你会发现在某些机构，它们期待你多做些自我引导。然而在另一些机构，迎新的工作相对简单，只由主任指派一位社工前辈代劳。

（4）欢迎与自我介绍（welcome and introductions）。每个团队对新入职员工有不同的欢迎仪式，当你来到你的办公桌前，可能发现一本新的日记本，或是新文具、电脑等。或者大家会在团队会议上正式欢迎你。但是，要是你的欢迎仪式比较低调，也别担心。安顿好自己并准备投入工作吧！先拟好自我介绍的大纲。简单地向同事介绍自己，并且逐渐认识他们及他们的职衔、社工职务等。

（5）在广州工作的外地社工，可能听得懂粤语，但说得不好。上班前最好学习2—3句粤语介绍自己，遇到广州本地居民也派得上用场。

（6）部门人员的姓名和职位。可运用记忆小技巧（如罗马房间法、挂钩法、想象法等）加强记忆，日后见面再询问是非常失礼的事。

（7）办公流程。你要认识每一件特定事项的程序，包括申请车费、使用小额现金等。

（8）职业安全。你可能会接受一些有关于职场健康与安全的训练，包括认出单位的所在地，正确标示出办公室的出入口，以及火灾逃生路线等，使在紧急事件发生时能够触发警铃或打电话求救，等等。

（9）办公室财产。你可能领取一些工作上会用到的属于中心的财产，如公务手机、钥匙、名片、电子邮箱以及工作证等。

（10）很多社会人士误认为社工就是义工、居委会工作人员，或者根本不了解什么是社工、个案服务等术语，这样会影响社工与案主建立专业关系。新入职社工亦应先拟好向服务使用者自我介绍的大纲，解释自己的专业身份（详见第四章）。

（11）刚进机构不可能马上认识所有工作领域的社工，不过还是要先跟人家打招呼。这是沟通的第一步，等到别的社工跟你打招呼就太迟了。态度应积极，要经常表示高度的学习动机，备好笔记本将重要的东西随时记下来。

（12）第一天上班，家人多少会担心，所以下班回家后可报告一下工作心得，让家人放心。而在聊天中，也可以对第一天的工作有个回顾。

3. 第二天

（1）刚进机构，主管或同工或许会为你安排入职讲座，跟你一起吃午饭，这是熟悉机构及附近用餐地点的好方法，要积极参加。

（2）观察职场的气氛和一天的工作流程，并须留意机构的文化、次文化、潜规则等。知己知彼，才能适应顺利。

（3）当新成员加入时，原有的社工团队内的生态环境将会发生改变。新入职社工可能会遇到组织现有成员及服务使用者的好奇、试探，甚至挑战等，这是正常的，无须不安及恐惧。

（4）在一心一意为提供服务做准备的同时，心须保持轻松自然，面带微笑。说话要稳健、有条理、有系统，避免重复。

（5）走访其他机构。单位可能安排你拜访地区内的机构，如街道办、医疗站等。初期的探访可以帮助你加深对服务地区资源的印象，进一步的了解有利于日后在工作上的联系。

（6）拜会其他专业机构。跨机构与多专业的实务是现代社会工作的重要面向与核心技巧，而这须从了解区内其他相关专业机构（如心理咨询、医疗机构等）开始。一开始便与它们建立起良好关系是相当重要的，这也将成为帮助你了解其他专业、开展跨专业实务工作的关键步骤。

（7）了解你工作的社区。建议社工们在工作所在的社区不骑车，多走路，借此了解社区特色，知道社区里是否有陡峭的山路，不利于长者出行；街道灯光是否昏暗，容易发生罪案等。

（8）了解部门里每个领域的工作。要了解现有什么小组活动、大型项目等，也要了解每个人的职责、工作内容及方法，这是很重要的。

（9）有任何疑问或不懂的地方，一定要开口问，不要得过且过地去做事。询问的对象若是比自己年轻或级别低的同事，也要注意礼貌。

（10）把握接电话的机会。借着接听电话，可以让人比较强烈地感受你的存在。同时对工作的内容、特征与往来的服务使用者也能有所了解。

（11）尽快掌握协助服务对象所需的专业知识与技能，或目前社会上相关的专业议题。

（12）可能只获发2—3套工衣，社工应每日换洗，保证仪容整洁，没有异味。

4. 从第三天到一星期

（1）进入一个已有相当凝聚力的组织是不容易的。这个时期办公室可能开始会有许多关于你的传言，不要太在意，按照自己的步调及真我（be yourself）去生活。

（2）机构可能安排你与一位资深社工一起工作，让你去观摩学习特定的个案或小组技巧。当然，他是这些个案、小组的“主社工”，你要虚心学习。

（3）对于各类表格、个案存档、小组文书的写法、计算机的操作方法及工作职责，要尽快熟悉习惯。为了让自己能更容易进入状态，主动帮助其他社工是很不错的方法。

（4）新加入工作团队，新入职社工的角色及位置需要重新确立。因此不要一开始就让自己过于突出、与众不同，在这个时期要多展现自己的亲和力。

（5）必须了解新工作环境中某些不成文的规范。机构的简介是不包括这些信息的，你必须耐心地去体会和感受。办公室和工作团队本身都有自己的文化和许多非正式的礼仪，也有很多次小组及潜规则，一开始时你也许很难全盘接受，甚至对某些现象感到难以理解，对此不必太过介怀，也许是因为没有人想到应当事先告诉你，相信他们并非故意孤立你。了解工作团队运作真实情况的唯一途径，就是观察并且及时发问。

（6）每个社工都知道聆听有时比说话更重要，在了解工作的时候就更为明显。如果希望提出自己的建议以及展现个人才能，应在对环境有充分认识的情况下进行。微观技巧方面，要经常注意礼貌，例如，遇到服务使用者要打招呼，进门前先敲门，坐姿端正、视线自然接触对方等。

留意办公室不成文的规范

5. 第二个到第三个星期

（1）工作上要使用的社工专业用语都已熟记，若有不懂的部分一定要弄清楚。

（2）除了自己所属的部门外，也要去了解其他部门，如家庭组、青少年组、复康组等的工作性质及与它们沟通往来的渠道。

（3）对从其他行业转职到社工机构的人而言，在第一个月的时候，最需要将有关的业务知识彻底了解，不能一知半解。

（4）主管也会开始指派你承担一些任务，如带领某小组等，不过你在这个时候别过于矫揉造作，自然的表现自我即可。

（5）这个时期最重要的课题，就是把握开案、接案以及开展小组的流程，并了解机构对你的期待。

（6）人际关系建立很重要，如何和同事打开话题？不妨平时准备好一些有趣小故事，放在口袋里，在适当时间自然地与人分享，但不要让人感到你在“抱书包”。

6. 第四个星期及以后

（1）要加深对所服务的社区、目标人群等认识。新入职社工常犯的错误是仅仅关注“个体”，其实我们应更多地关注“群体”，关注社区及社会。因为“人在环境中”，许多问题的解决应是多方面协调合作才能做到的。

（2）新入职社工可能面对不只是一个组群，他可能被指派加入 2—4 个不同的工作团队中去成为组员，这可能包括：长者组、流程改善小组、社区调研小组等。社工要耐心融入机构各个新团队中去。如果部门中仍有人不认识你，这是不可接受的。对于那些在工作上有合作关系却很少碰面的人，更要把握见面机会。

（3）这个时候你会有一些比较熟识的社工同事，但在没有拘束、气氛轻松的情况下，聊天时也要避免论断、批评、埋怨和比较。

（4）社会工作是一个助人的行业，工作繁重。无论是在现实环境或是心理环境上，新入职社工承担的压力不能小觑，还是入户拜访、筹备活动、项目管理、文书整理等都会令社工疲于奔命，加班超时成为新常态，社工新人必须有心理上的准备。

一个月过去了，此后你应该以独立的工作为目标。不妨也好好回想自己这一个月的工作大体上有哪些不足，往后是否有可以改进的地方，让自己可以进步再进步，超越再超越。

第四章

操练2：新入职社工如何介绍自己

在香港、澳门及台湾等地，社会工作已有四五十年的历史，被普遍认同为一门专业，社会接纳程度已很高，居民对社工很尊重并了解社工的工作内容，这是很多前人的推广、宣传及努力的成果。然而，社会工作在内地作为一个新兴的行业，刚刚起步，并不是每个人都认识，以至于社工在工作中常被问道："社工是做什么的?"笔者观察到，即使在广州、深圳等社会工作行业发展较快的地区，对于很多居民而言，社工还是一个不太被了解和关注的职业，刚毕业的社工仍须面对如何介绍自己的问题。

> 大学时，我被调剂到了一个叫"社工"的专业，当时我很困惑，曾就此问题询问过师姐："从事社会工作的人是社工，但社会工作究竟是什么?"当时师姐语重心长地答道："社会工作就是助人自助，是为社会事业作贡献的一门助人专业。"听了师姐的说明后，我依旧困惑不解。
>
> 工作后，我总是被反复问道"社工是做什么的"的问题。刚开始，我会耐心地向他们解释，但渐渐地自己也对回应这个问题失去了耐心。一开始，我仅把别人的询问

当作单纯的好奇，可慢慢地在我心中它逐渐演变成了冒犯和质疑，变成了别人对自己身份的盘问，成了对我个人存在意义的否定。

一般别人的提问方式和我的习惯应对方式大致如下：

案主：你是做什么的？

答：我是社工。

案主：社工是居委会的吗？

答：不是。

案主：社工是义工吗？

答：不是。

案主：那社工是做什么的？

答：社工就是社会工作者，助人自助的。它讲求的是理论与实务相联系，注重培养良好的价值观。而义工是志愿者，任何有兴趣的人都可以做。

案主：还是不懂。[①]

上面的例子对于新入职社工行业的你而言，是否也似曾相识呢？笔者在广州从事督导服务的时候，所有新入职的社工都会有“怎样介绍自己”的疑惑。这个问题不仅困扰了莘莘社工学子、新入职社工，也困扰了众多社工大师。

---

① 梁炜朝：《社工是谁?》，载《改变中国社会的社工》，济南 · 山东大学出版社，2015 年版，第 205 页。

社工是什么？

在广州黄埔区，笔者偶然发现公众宣传栏对社会工作的概述，现引录如下：

· 社会工作定义

社会工作是指以利他主义为导向，以科学的、专业知识为基础，运用科学的、专业的方法进行助人服务活动。

· 社会工作者定义

遵从助人自助的价值理念，运用个案、小组、社区、社会行政机构和他人发挥自身潜能，协调社会关系，解决和预防社会问题，促进社会公正，以此为职业的专业工作者。

笔者认为上述的定义过于广泛，未能凸显社会工作的内涵，它同时可用来描述义工、街道工作、护士等职业的人员。

的确，社会工作这个专业怎能通过寥寥数语解释清楚其目的及内涵？尤其面对困难群体，如年老的服务对象，过多的解释，特别是夹杂了专业术语时，总出现“剪不断，理还乱”的困境。“助人自助”“个案工作”“小组工作”“社区工作”等专业用语，总让普通市民摸不着头脑，难以理解。专业用语本身也衍生了更多的问题。

各国对于社会工作的定义有所不同，不同地区的社工团体会根据自身的认识和需要采用不同的定义。例如，国际社会工作者联合会和国际社会工作教育联盟于2014年7月在其周年大会通过的社会工作定义如下：

> 作为一个以实践为本的专业及学术领域，社会工作推动社会改变和发展、社会凝聚和人民的充权及解放。社会公义、人权、集体责任和尊重差异等原则是社会工作的核心。基于社会工作、社会科学、人文和本土知识的理论，社会工作以联系个人和组织去面对人生的挑战和促进人类的福祉。①

当中根本没有“助人自助”的字眼。为什么我们要继续纠缠根本无法统一的定义介绍给服务使用者呢？

> “为什么我对别人说了半天，但他们还是不明白我在说什么，想做什么。他们没听说过社会工作，更不懂社会工作。”这是值得深思的重大问题。

面对怎样介绍社会工作的问题，有学者尝试用“台前和幕后”的基本逻辑来回应当前社工不被理解或缺乏统一认知

① 香港社会工作人员协会网页，www. hkswa. org. hk/chi/node/868，浏览日期：2016年12月28日。

的困局。具体如下图所示：

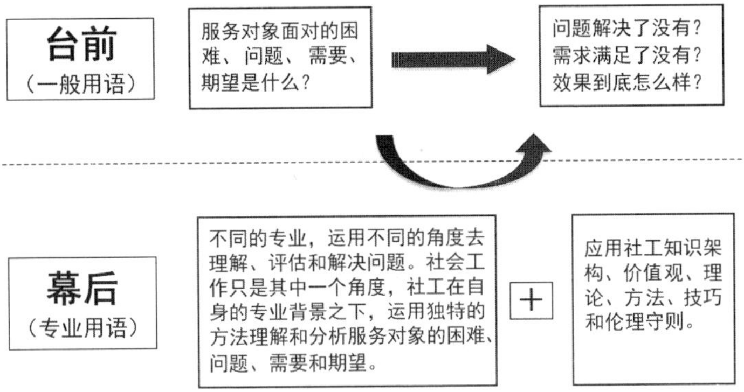

在图中，社会工作的基本逻辑分为台前、幕后两部分，台前是现实的生活，幕后是专业的运作。在台前，呈现出来的是服务对象的困难、问题、需要、期望等。在幕后，体现的是专业的运作过程，社工如何理解及回应现实需求，体现专业的价值、理念、方法和技巧等。台前的内容，社工明白，老百姓也明白，所有人都明白，简单地稍作解释大家就都清楚。如果社工只用幕后的内容去解释何谓社工以及自己的角色，老百姓一般不明白，只有专业人士才能明白，因为这涉及社工的价值、理念、方法、技巧、专业术语等，体现的是专业性的一面。

由此可知，对服务对象及非专业人士而言，社会工作就是台前的现实，和服务对象在一起，这需要一线社工用大众的语言，谈台前服务对象关心的服务内容。面对服务对象，只用术语谈幕后而不考虑服务对象的认知水平，只着眼所谓的专业服务，正是许多一线社工不被理解和接受的主要原因之一。①

① 刘战旗：《台前幕后：理解社会工作的一个新视角》，载《中国社会工作》2014 年 5 月（上），第 28—30 页。

> 社会工作是应用专业方法，帮助一些生活正面临困难的人，增强这些困难人士的能力，专业地去处理问题，让他们可以靠自己的力量站起来。这些工作，经常涵盖不同层面，因此社工曾接受大学社会工作学系的专业教育，且通过认证考试。[①]

笔者发现，上述“社会工作”的介绍，简明扼要，没有术语，简单易懂，可供新入职社工参考。据笔者观察，居民/服务使用者更想知道的是工作员的身份、职位，在哪些方面可以帮助他，并非想详细知道什么是“社会工作”。

毋庸置疑，如按上述国际社会工作者联合会及国际社会工作教育联盟作出的定义去介绍自己，实在过于学术化，当中也涉及很多专业术语，包括将社会工作的目标、任务、模式等，普通市民会难以理解，越解释越引来更多的问题，令听者一头雾水。诚然，社会工作的内涵很丰富，不同岗位的社工工作性质不同，手法也相异，很难用一个单一的说法放诸四海皆准地解说社工是干什么的。

社会工作者分类图

① 参考：社工 Bravo!，https：www.youtube.com/watch?v = M6gpChLozmM，浏览日期：2016 年 6 月 1 日。

试看上图，我们怎能用三言两语解释清楚什么是社会工作呢？对此，笔者建议，集中告诉服务对象自己的名字、职位、角色等，根据服务对象的认知水平，将介绍范围收窄。

一、如何介绍自己

笔者参考了某社工协会的一集宣传短片，找出他们的社工在介绍自己时的一个范式。这个范式可用以下公式来表达：

医务	+	社工	+	工作内容
形容词		名　词		补　充

笔者建议社工应将介绍范围收窄，只以自己工作岗位的层面来描述。例如：只集中地说我是“医务社工”，或我是“外展社工”等，而避免只说“我是社工”这么宏观的答案。以下是一些例子：

1. 家庭暴力暨性侵害防治中心的社工

我是小李，是家庭暴力暨性侵害防治中心的社工。我的工作是当妇女遭受暴力的时候，负责给受暴妇女提供一个安全的庇护所，让她们在经济上、法律上获得协助。

2. 长者领域的社工

我是小陈，是老人服务领域的社工，工作包括协助老人面对老龄化，促进老人的健康，还包括在他家里的生活自主照顾以及安全的维护。我们也会做社会资源链接部分的工作，在资源上安排家居服务、社区日间照顾及机构式的服务。

3. 儿童服务领域的社工

我是小王，是儿童服务领域的社工，主要工作是为有需要的儿童提供安置服务。在机构里面我们会提供全面的安置照顾，包括日常生活照顾、就学、就业。如果他们早期有一些创伤的经历，我们也会提供心理咨询服务。

4. 新移民家庭服务领域的社工

我是小黄，是新移民服务社工，主要服务对象是嫁来本地区的新移民女性，协助她们提高在家庭生活、婚姻生活和社会生活的适应能力，提供一些针对她们的就业辅导，此外，还包括她们在适应社区乃至整个社会的一些协助活动。

5. 学校社工

我是小朱，是学校社工，主要的服务对象是学生。他们可能因为家庭或社区，甚至整个社会环境的一些不利因素的影响，而在学习上或行为上面临着一些困难。我的工作就是协助

各类型的社工

这些孩子去成长。[①]

上述的介绍不是更直截了当吗？这个介绍模式的好处是可联系聆听者的日常生活经验，解说较具体化，令人易于掌握。例如，我是“学校社工”，听者就会马上联想到“学校”，知道工作员的工作场地是学校，对象是学生，加上两三句补充解说，由浅入深地说清楚眼前的工作员是做什么的，所提供的服务是什么，然后适当归纳出社工工作的重点。

这样，是不是能够较容易让普通市民了解你的职业身份，而不至于绕了几个大圈后他们仍不知道社工的职能是什么呢？

> 社工不知道自己是谁，只知道自己不是谁，是我们这一代社工面临的身份难题。我想如果有一天当我们能用一两句话清晰无歧义的回答“社工是做什么的”的时候，我们的社会就会真正实现了社工专业化和职业化。[②]

---

① 资料来源：https：//www.youtube.com/channel/UCVHO0NFE0JVHxCgGKRgXR9w，浏览日期：2016年9月1日。

② 梁炜朝：《社工是谁?》，载《改变中国社会的社工》，济南·山东大学出版社，2015年版，第205页。

第五章

操练 3：4A 学习

个人与组织学习的速度必须不落后于环境改变的速度。组织若无法成为学习型组织，则将遭淘汰。而个人若非学习型个体则将被排除或处于不利境况[①]。因此，学习的速度必须快于环境的改变（L>C）[②]。

一、离开学校，学习一样永无止境

结束大学生涯后，社工是否觉得从此以后不用再面对考试与交功课的噩梦？但是在现实生活中，工作不仅是单纯的上下班而已，服务使用者无时无刻都需要你提供优质的辅导。中心主任也会经常给你一些难度较高的工作，如请你比较中心的服务与其他家综存在哪些差异，又或许需要你即日针对某小组的未来发展提交一份报告，而你不知该如何入手。当然，你可以每一次都向资深同事或督导寻求协助，但这毕竟不是长久之计。

① 资料来源：http://www.slideserve.com/crevom/424566，浏览日期：2016年8月1日。

② L是Learning，指学习的速度；C是Change，指环境的改变。

因此，针对你自己的第一份工作，你有必要做一些延伸性的学习，这样的做法其实就可避免自己的位置轻易被他人取代。社工必须知道社区的需要、高层次的个案和小组的技巧等；辅导长者时，也有必要多懂一些类似善终服务、叙事治疗、缅怀活动等知识。总之，及时掌握与更新一些与社会福利服务相关的资讯，进行延伸学习是必要的。作为刚出道的社工，必须人人（Any one）学习、时时（Any time）学习、处处（Any where）学习、事事（Any thing）学习，即做到4A学习。

二、学习的5个W和1个H

新入职过程中面对的困境大多源于社工自身服务经验浅，支援不足，对于实操技巧把握不好，经常遇到挫折，新入职社工因此也深深体会到继续学习的重要性。

新入职社工的学习受多方面因素的影响，例如上班时间（是否需要轮班工作）、工作地区、工作岗位（工作范畴所需的关键才能是什么）以及机构提供服务的模式等，详情请参阅下图。

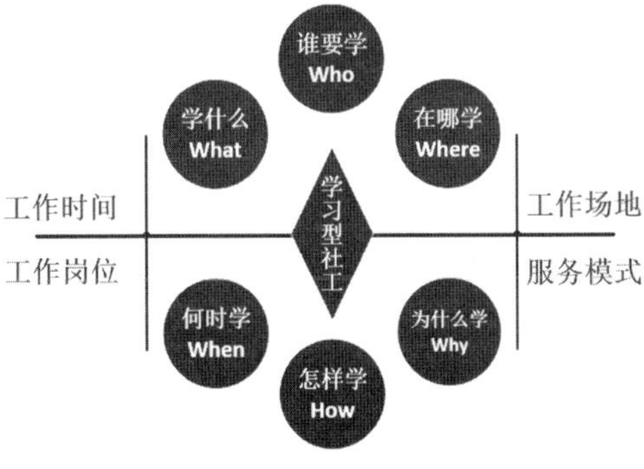

学习的5W+1H

（一）为什么要继续学习（Why）

入职初期，对于社工新人来说，最重要是尽快重温实务理论与技巧，因为社工毕业生考试过后刚离开学校，社工理论及技巧大部分都忘记了。面对实际工作时，需要适当的继续学习，重温理论，将之与实际经验结合，才可以达至融会贯通的效果。

香港及内地社工本科训练一般是通才（generic）训练，很少提供专门（specialized）的训练。社工要学习的知识及技巧实在太多，大专3年或4年只能进行通才基础的训练。另一个实际的困难便是社会工作专门服务有二三十种，而一所大学只有5—10名教授（不计实习导师），不能做到每项专门服务都有专长的教学人员，而社工系学生人数是有限制的，分散训练的结果是平均每个专科可能只有数名学生。如按单位成本计算，那就很昂贵了，故一般的大专院校的社工本科教育只能按通才方式进行了。为了弥补这方面的缺憾，新入职社工应和医生一样，在毕业后仍要继续进修，通过相关专业考试才能成为专职社工。

（二）学什么（What）

社工从应聘、甄选到受聘，以至专业前期及后期的发展都有不同的学习需要，须事事学习。

1. 纵向方面

社工所处的工作阶段（试用期、工作初期、工作中期、将退休期）不同，学习内容也不同。例如工作中期，可能被委派管理或督导工作，那就必须多看社工管理、怎样督导一类的书籍。

2. 横向方面

社工所处工作岗位不同（如家庭组、长者组、青少年组、复康人士组、义工训练），学习内容也不尽相同。例如：在长者组工作的社工必须学会与长者工作相关的每种技巧及其他关键才能（如缅怀治疗、哀伤辅导、疼痛处理、婆媳纠纷处理等）。本章后的附件列出了每个工作领域所需的关键才能，供你参考，希望帮助你安排个人学习计划。

（三）谁要学（Who）

服务单位的每个人都是学习的主体。督导、中心主任、新入职社工、各级社工都需要学习，中心可协助新入职社工不断追求新知识，以突破自己能力的上限，并全力实现自身期待，创造大家共同期待的结果。

督导、中心主任等应带头学习，为新入职社工提供榜样。他们不应自视为知识权威，而应该多与新入职社工一起学习。

（四）在哪学（Where）

新入职社工应处处学习，学校、机构及工作团队本身都是人才培养的营地。学习途径包括：

a. 外源式——通过机构安排员工到外面的培训机构参加学习活动，直接学习有关技巧。

b. 内源式——机构主动地、创造性地在机构营建学习气氛，安排督导，为成员的发展和创造学习奠定基础。在内驱力的驱动下加大员工的学习力度，使机构专业水平提高。

c. 双源并进——大学或其他事业培训机构可与社工机构

合作。大学是社工教育的基地，虽有主导作用，但须与机构密切配合，方能使教育作用充分发挥。

社工机构应开拓多元学习渠道及平台，鼓励员工善于学习、善于思考、善于沟通、善于与人相处及团队合作。

（五）何时学（When）

新入职社工应时时学习。与同工讨论时学习，在被督导时学习，在阅读专业刊物时学习，在带领小组时学习，在工余时间也要学习……

随着时代的变迁，人类的生命计划形态，已由传统的直线式生命计划（linear life plan）（即接受教育后进入职场，然后退休的三部曲），转为循环式的生命计划（cyclic life plan）和混合式的生命计划（blended life plan）。这就是说将工作、生活与学习结合在一起，它们同步或交替进行，将是今后年青一代主要的生活形态。笔者发现身边不少社工，日间工作，下班之后和周末时间几乎都在进修，经常“回炉再造”。当然，他们在适当时间也会放假休闲，放松自己。

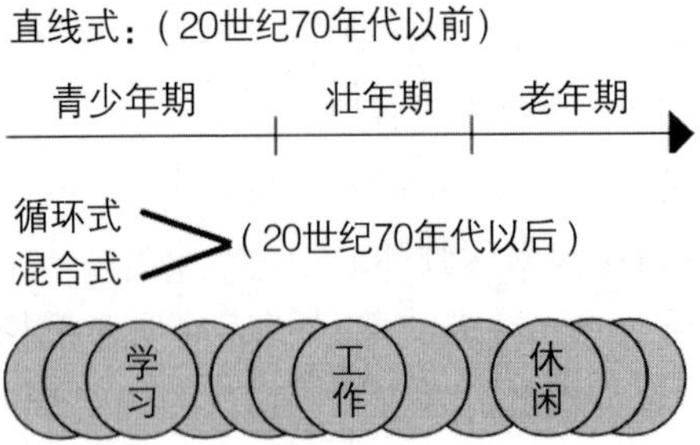

时时学习将是新入职社工的新常态

（六）怎样学（How）

新入职社工可用以下3种不同方式去学习。

1. 正规学习（formal learning）

正规学习是指报读正规院校所提供并得到社会认可的专业课程。国内不少社工，日间工作，下班之后和周末时间几乎全部用在进修上，包括参与正规院校的正规社工课程，例如社工硕士课程等。广州市黄埔区一家庭综合服务中心的15名社工中，就有8名已完成社工硕士课程。

2. 非正规学习（non-formal learning）

非正规学习是指不在正规院校进行的学习活动，是正规教育系统以外的有组织学习，它包括：

a. 网络学习：利用通信科技，突破时间空间的界限进行学习。笔者曾经为广州三家机构推行“一周一技巧，一周一进步”的网上课程。

b. 远程/函授课程。

c. 各式短期课程、工作坊等。

d. 接受专业督导。

e. 标杆学习：寻找学习的典范。

f. 服务学习：从服务中获得学习与成长。

3. 非正式学习（informal learning）

非正式学习指在学校以外的学习，通常是指在日常生活中的学习与体验，如看电视、电影、旅行、读报及家庭聚会等。新入职社工可通过分享与反思他人的经验而得到知识，也可通过主动尝试新的想法与技巧，以实验性方法获得知识。专家研究表明，有80%以上的知识是通过非正式学习获得[①]，这些知识比较生活化，有利于在个案、小组过程中与服务使用者沟通。

学习小提示：
a. 多观察身边、社区发生或存在的事和物； b. 提出问题并与身边的人讨论； c. 当今社会工作机构之间的比较，是能力的比较，也是社工学习速度之争。

三、员工学习对机构的重要性

社工机构、家庭综合服务中心等在投入各项服务资源后，大家都期待成果得到市民的接受认可。大家都相信，有耕耘就要有收获。机构利用硬件、资本、劳力提供服务。工作技巧的使用使服务质量得到提升。之后，我们也悟出另外一个道理：学习也是一项极重要的成功因素。学习使社工的素质有所提升，技术的应用更为深入，使服务成果及质量更有保证，使案主及小组组员皆感到满意。

香港及广州的社会服务大都通过购买、招投标方式邀请有实力的社工机构提供服务。若机构对一些服务专项做得好，有独特经验，有创新性，有不断学习的团队，他们便可以持续发展，在招标竞投的环境下能保持优势。因此当今社会工作机构之间的比较和招投标的竞争，基本上决定于机构的社工是否有实力、项目是否能创新、辅导技巧是否成熟，总的来说就是社工个人及团队学习速度之争。

① 罗宝凤：《发现学习的真实面貌：正规教育的非正式学习》，载《成人及终身教育学刊》2004年12月（3）。

四、学习为新入职社工带来好处

学习有很多的益处，新入职社工应培养良好的学习态度——多看、多听、多想、多阅读、多激发兴趣，积极参与社团活动，勤读专业领域杂志，广泛涉猎国内外社会动态信息等。请记住：问题大小取决于你能力大小。当社工能力越大，所碰到的问题就越小；反之，当社工能力越不足，一个小问题都可能被当成大问题。社工有多大的能力，就能够协助案主处理多大的问题。

入职开始，社工就要养成学习的好习惯，不应被动地等待别人教导，学习提高只有靠积极主动地向督导、前辈、主管学习，学专业、学技术、学态度，多方面不断进步。

书写此书时，正值巴西举办奥林匹克运动会，笔者灵机一动，将学习的好处用五环来说明。

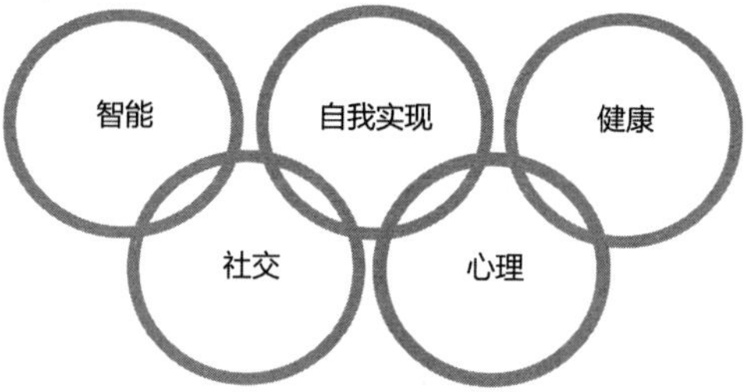

学习对新入职社工的功能

奥运五环代表五大洲，也代表人类的五大需要。通过学习可满足这五大需要。

（一）加速智能成长

学习可不断增进专业知识、能力、技巧等核心专长。

学习可累积属于自己的智能资本，也就是新入职社工生存和发展的资本。

（二）满足健康的需要

学习是脑部天然的运动，是最好的物理治疗，能减少四体不勤的现象。

日本的研究显示：每增加一年接受学习时间就会减低5%的死亡率。[①] 受教育每多一年，患痴呆症风险就会减少11%（剑桥大学，2010）。

（三）满足心理的需要

不断学习让社工可补充知识，给自己注入养分，重新得力，并可提升专业自主能力，对自己也有较大的信心，在案主面前的专业及社会形象也会相对提升。

（四）扩大社交网络

参加培训课程，能扩大生活圈子，与你共同互动的人可成为你实务和心灵的支持者，使你得到情绪支援，减轻压力。

（五）满足自我实现需要

每位社工具有不可限量的潜力，通过学习可把潜力转换为能力，把理念转化为能量。

学习可协助社工打破自我的界限，学会与人相处（learn-

---

① 资料来源：www.artideswriting.net/artic/9683812926/，浏览日期：2016年8月1日。

ing to live together）、学会追求知识（learning to know）、学会做事（learning to do）、学会发展（learning to be），以及学会改变（learning to change），不断完善达至自我实现的自的。

小结

金庸武侠小说《笑傲江湖》中的“吸星大法”是套很厉害的内功，在交手对垒时，能吸取别人的内力。新入职社工们，你们需要懂得放下身段，以开放的心态去与别人交流，借此吸纳、学习他人可取之处，让自己不断升级，那么随着时间的推移，就会逐渐表现出众。

现实中想要快速地汲取别人经验，用“吸星大法”“近朱者赤，近墨者黑”等方法就很易办到。只要我们让自己身边多些资深社工和师傅，我们就可以耳濡目染地吸收他们的社工知识和实务技巧。

“吸星大法”

附件：广州市黄埔区同心社会工作服务社员工训练手册有关各项服务领域核心素质与专业技能目录

长者领域	专业理论	1. 活动理论 2. 撤退理论 3. 社会重构综合理论 4. 增能理论 5. 埃里克森人生八阶段中关于老年期的“整合对绝望”理论 6. 社会支持理论
	介入方法	1. 痛症管理 2. 压力管理、压力概念化 3. 悲伤管理 4. 临终关怀 5. 人生缅怀、人生回顾 6. 理性情绪分析 7. 认知行为治疗
	其他	1. 熟悉与长者权益有关的政策法规 2. 熟悉长者生理和心理老化过程，及其间发生的重大事件，如丧偶、独居、虐待长者、抑郁等 3. 掌握长者常见慢性病，如高血压、心脏病、糖尿病、关节炎、听力障碍、白内障、老年痴呆症等疾病的情况 4. 掌握社区内适合长者活动的资源，如活动场所、支持机构等 5. 熟悉社区的历史背景和发生过的重大事件
康复领域	专业理论	1. 优势视角理论 2. 增能理论 3. 社会网络理论 4. 社会支持理论 5. 社区照顾理论 6. 正常化理论 7. 回归社会理论 以上理论必须熟悉和掌握，并且能够结合个人理解去灵活运用，而不是生搬硬套

续表

	知识基础	1. 基本掌握与复康人士相关的政策法规知识 2. 熟悉和了解残障的分类、生理特征、心理特征、存在问题等
	基本技能	1. 探访技能——能够与复康人士及其家属进行有效沟通，全面收集复康人士的个人信息、家庭成员情况、家庭经济情况、外界资源、社会支持程度等 2. 画图技能——掌握和了解家族图谱和家庭生态关系图的画法，如熟悉和了解各种符号的含义、准确呈现家庭的经济状况、家庭成员的沟通互动情况、社会潜在资源、邻里关系等 3. 整合技能——能够将探访所收集到的信息进行系统整合，并根据复康人士的情况提出适当的跟进或服务建议
	实务工作基本要求	1. 了解并熟悉个案工作的跟进流程，在开展个案工作过程中，能够运用残障的理论知识，分析案主问题的成因，并从专业角度设定介入手法 2. 能够独立策划和开展社区教育或社区宣传活动
	其他方面	1. 熟悉社区的资源概况，如与残联、工疗站、居委会、疗养院等与复康人士有关的专职人员建立合作关系 2. 能够接纳和尊重复康人士，有耐心
青少年领域	专业素质	1. 确定需求： （1）马斯洛需求层次分析 （2）弗洛伊德需求层次分析 2. 确定社工角色 3. 人本治疗模式 4. 帮助服务对象——认知行为治疗 5. 班杜拉的社会学习理论，了解行为塑造的个别化 6. 斯金纳的强化理论——代币制行为疗法 7. 理性情绪分析 + 渐进性肌肉放松 8. 社会角色理论——情境模拟（角色扮演）
	青少年领域知识	1. 治疗：注意力 2. 成长：抗逆力、控制情绪能力 3. 介入形式：体验式学习（游戏 + 历奇）

续表

义工领域	专业理论	1. 活动理论 2. 社会支持网络 3. 社会系统理论 4. 马斯洛需求层次理论 5. 舒尔茨的人际需要理论
	关注的方面	1. 关注义工的成长与价值 2. 关注义工的权利与义务 3. 注重义工队伍建设 4. 拓展服务项目 5. 稳抓志愿培训 6. 完善激励机制
	需要完善的资料	1. 义工个人信息 2. 义工服务时数统计 3. 义工相关章程及制度
	其他	1. 掌握招募义工的方法 2. 了解义工参与义务工作的目的 3. 了解所在社区人口所占比例、服务对象种类、特征及需要 4. 掌握社区中的资源，如可联系的合作单位
家庭领域	专业理论	1. 家庭的功能 2. 家庭的生命周期 3. 常见的家庭问题 4. 家庭结构 5. 符号互动理论 6. 心理社会理论 7. 社会学习理论 8. 成长周期理论 9. 埃里克森人格发展理论中关于“成年期”部分

续表

	家庭个案工作手法	1. 经验式家庭治疗模式 2. 家庭系统治疗模式 3. 结构家庭治疗模式 4. 策略家庭治疗模式 5. 叙事治疗模式 6. 女性主义疗法 7. 危机干预
	其他专业服务技能	1. 建立专业服务关系 2. 全面收集家庭信息 3. 常见家庭问题的应对方法 4. 熟悉家庭相关的各项政策法规

第六章

操练 4：善用专业督导

一、督导对个人专业发展的重要性

督导是一种专业训练方法，它是由机构内一些资深的社会工作者，对机构社工新人或实习学生，通过定期和持续的督导程序，传授专业服务知识与技术，以增进其专业技巧，并确保对案主服务的质量。[①]

社工新人角色转变了，不再是毛头小子，也不再是学生了，而是一位专业社工。他要为遭遇家暴、婚姻纠纷、行为问题等困扰的案主提供辅导。他对专业督导有殷切的需求，原因是他工龄尚浅、经验不足、专业自主程度较低，知识及经验有待提升。

社工服务单位对新入职人员的职前训练，主要是协助适应环境并落实实际工作要求，重点包括机构简介、理念、政策、环境、考勤规章、常用辅导技术及常规作业等，目的在于减少刚毕业社工出现茫然不知所措的情况。通常辅导新入职社工的方式包括：学徒型、观察型、放任型等，标准不一，训练计划

① 李增禄：《社会工作概论》，巨流图书公司 1996 年版，第 237 页。

社工督导

不一、督导人员仅止于常规技术的介绍而未能深入辅导新人如何面对生活及适应上的压力。

社工新人有很多需要学的知识与技巧，本科三年或四年的社工训练，都只能蜻蜓点水地了解社会工作的基础知识。社工学生应付考试时可能背得滚瓜烂熟，但考试后忘得很快，知识的折旧率较高。

督导能多方面协助社工新人，它的功能很多，主要包括以下几个方面。

（一）行政性功能（administrative function）

a. 个案量的管理：交付新个案给社工新人时，应该确认资料是否正确或已完成、个案量是否平均或可以负荷等。

b. 监督新入职社工的工作：评价个案服务的需求、个案计划是否符合机构政策等。

c. 机构的维护：决定机构的年度重点工作、文件记录的程序、监督与协调团队工作的运作等。

d. 社区的联系：鼓励新入职社工与社区居民、领袖讨论服务计划，积极参与社区事务，连同其他团体探讨社区服务的新机会以及达成机构目标等。

（二）教育性功能（educational function）

a. 协助新入职社工对案主有更深的了解。

b. 更能察觉自己对案主的反应。

c. 让新入职社工了解与案主互动的状况。

d. 思考他们如何介入以及介入的后果。

当社工新人遇到能力所不能及的情况时，督导者需从旁指导并协助为其提供必要的学习机会，让工作经验不足的新入职社工理论与实践相结合，运用在个案或事件上，进而不断改善能力和技巧。

（三）支持性功能（supportive function）

当新入职社工对自己的表现感到沮丧、灰心，又或者为不能解决案主问题而产生压力时，社工督导应帮他纾解压力并给予支持、肯定、赞赏、鼓励，使新入职社工能提升信心、工作士气，促进其潜能的发展，让新入职社工更有动力工作。

（四）调解性功能（mediation function）

从工作者和体系互动的观点来看，督导的功能性角色可调节新入职社工和工作体系间的关系，督导有着润滑剂的功能，使新人易于融入体系中。[①]

---

① 李增禄：《社会工作概论》，巨流图书公司1996年版，第237页。

二、内地社工本科生实习的安排

香港社会工作教育较为严谨，从本科到硕士的社工训练，实习的时间由600个小时至1200个小时不等。不过，硕士课程的1200个小时，虽已高于国际要求的标准，但相对于一个社工入职后，每年工作超过2000个工时而言，也只是“小意思”而已，仅能获得有限的经验。如今的内地社工训练虽有实习要求，但实际操作却有很多问题，例如有些地区，学生通常难以找到专业的社工机构进行实习，或院校并没有派出实习督导去跟进学生的学习进度等，导致实习质量参差不齐，使社工新人在入职后面对稍微复杂的个案就会不知所措。就好比一位医科学生，若缺乏足够的实习及临床经验，又怎能施行手术呢？实习可以测试学生的性格、职业生涯规划的合理性以及他是否合适做社工等，若缺少了实习，学生并不能完整地面对自己个人、家庭、职业生涯规划并思考自己是否适合做社工。可惜的是，内地的社工没有经过正式严谨的实习训练，缺少实务经验，进入职场的难度较大。在先天不足的情况之下，这就需要督导在后期的支持与培训了。

三、部分服务提供模式不利于社工新人

以广州为例，家庭综合服务中心同时提供家庭、长者、青少年、残疾人士、义工等服务。笔者觉得这种综合的服务提供模式不利于社工新人的发展。由于服务采用综合的模式，员工不能只学习或专注于某一种服务领域，他们需同时具备家庭、

长者、青少年、复康人士等不同群体的个案和小组工作等知识与技巧。面对这种模式，社工新人会感到压力。试想想，服务复康人士的社工要处理几十种不同类别残疾人士（如失聪、失智、失明、精神病患、肢体伤残等）的需要，需要运用不同的手法处理。仅具备单一的服务经验和知识的督导，怎能有效督导所有领域的社工服务案主呢？

面对这种模式，督导也会感到压力，因为家庭综合服务中心特别的地方在于要同时提供多元服务，要求督导同时具备长者服务、义工服务、残疾人服务、家庭服务、青少年服务等专业知识及技巧（如下图）。

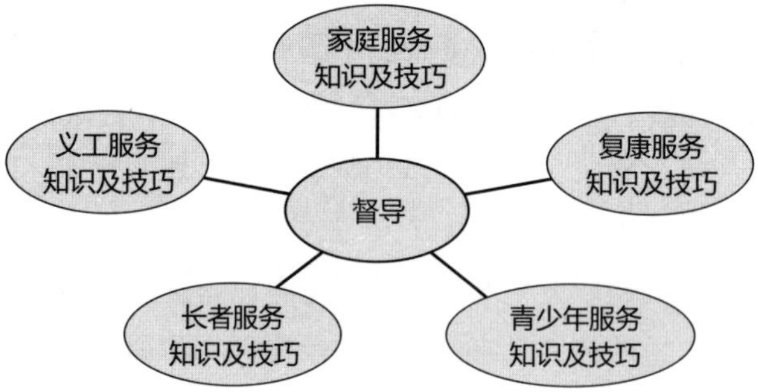

督导必须同时督导服务单位里不同领域的社工，但督导是否全部熟知这些服务？在香港，上述服务分别由长者地区中心、综合青少年中心、综合家庭服务中心和复康机构提供。大部分督导终身只从事一个领域的工作，试问只从事青少年服务的督导，怎能妥善督导家庭组的社工去处理家暴、婚姻纠纷、社区矫治等个案呢？试想想，复康组的社工要处理十几种不同类别残疾人士，督导是否具备处理不同类型的残疾人士技巧呢？因此机构选择合适的综合型督导是十分重要的。来自大型机构提供多元服务的督导可能较适合广州家庭综合服务中心，对一些只有单一服务经验（如老人服务或青少年服务）的督导在招聘时则要小心考量。

四、社工新人与督导内容

督导的责任主要是对社工提供支持和鼓励，特别是社工新人，督导要提高他们的专业能力，使他们能更有效地协助求助者解决问题。社工与督导的关系是达成此目标的基础。社工从受聘到入职前期和后期的发展都有不同的督导需要。因此，督导与中心每位社工的关系的建立及督导密度皆有所不同。通常督导需要制定中心员工督导需求总表（Staff Supervision Needs Profiles），列出每位员工所缺乏的知识和技能，使他可按员工的训练需要而提供适当的督导工作。一般而言，不同工龄社工的督导内容如下[①]：

社工督导需求表

需重点培训的知识和技能	新聘的专业社工		工作1—3年的社工		工作3年以上的社工		中心主任	服务经理
	本科社工	非本科社工	本科社工	非本科社工	本科社工	非本科社工		
了解中心的功能和运作	√	√						
受助人问题/需要评估技能	√	√	√	√				

① 梁伟康：《成效管理：非营利社会服务组织全面实践战略》，非营利组织卓越管理有限公司，2014年版，第220页。

续表

需重点培训的知识和技能	新聘的专业社工		工作1—3年的社工		工作3年以上的社工		中心主任	服务经理
	本科社工	非本科社工	本科社工	非本科社工	本科社工	非本科社工		
人际关系的技巧	√	√	√	√				
不同服务领域的关键才能	√	√	√	√				
一般辅导技能	√	√	√	√				
方案策划和评估技能			√	√				
与社区人士沟通的技能			√	√	√	√		
团队建设技能					√	√	√	
问题解决技能					√	√	√	√
决策的技能							√	√
战略策划技能								√
危机处理技能							√	√
管理技能							√	√

五、督导资源投入与员工专业自主程度的关系

社工被聘用初期，因未能有效运用所学的知识和技能，专业自主程度较低，因此需要更多及严谨的督导，组织需要对新入职社工投入较多的督导资源；当社工专业成熟度渐高，专业自主程度日渐提升后，组织需要减少对其督导资源的投放，督导对他来说变得可有可无，他达到自我督导的阶段。一个有十

数年工作经验的社会工作主任，应是一位有独立工作能力的专业人士，高密度及直接的督导就不必要了。具体情况可看下图：

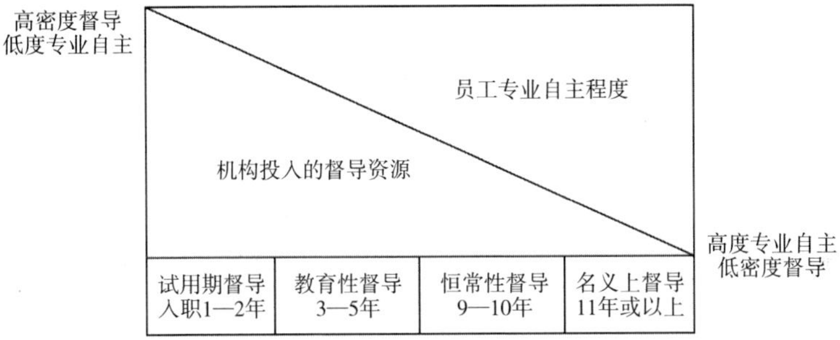

督导密度与社工能力及自主度的关系[①]

在整个督导的过程里，督导和新入职社工应共同制定督导目标，弄清楚采用什么准则以衡量整个督导过程的进展，识别从一个督导阶段至另一个督导阶段需要发生的变动。督导必须显示他对被督导社工发挥的作用，使新入职社工能获得足够的支持和适当的协助。督导契约也同时肯定被督导社工的工作目标和贡献；此外，当社工逐渐变得成熟时，则督导应由高度的支持取向转移到高度的任务取向。

六、面对的局限

在内地，部分地区仍未制定好一套统一的督导制度及标准，导致机构采用不同的督导模式，质与量的差异很大，部分

---

① 梁伟康：《成效管理：非营利社会服务组织全面实践战略》，非营利组织卓越管理有限公司，2014 年版，第 578 页。

机构可给予新入职社工每周最少一次的督导，但也有一些机构的社工平均每月也无法接受一次正规的督导。

内地的社工发展刚刚起步，大部分负责专业督导的社工，虽已接受过简单的督导训练，但因经验不足，部分的同工在提供督导时存在不小的心理压力，未能有效地协助下属在专业上的发展。

目前，内地还有部分机构并没有督导人员的编制，就是有督导编制的服务也没有形成统一的质量标准。举例来说，同是家庭综合服务中心，有的家综聘有 3 名香港督导，有的却连一名也没有。由于没有充足的督导资源，部分服务的现有督导人手编制形同虚设。

大部分社工在入职后不久，便要背负沉重的工作，缺乏时间和空间思考或重温如何将在学校习得的理论运用于工作上，结果只能运用一般常识处理手上的个案及小组工作。久而久之，可能养成轻理论、重常识的习惯。因缺乏理论的支撑，在组织、整合及传递经验方面的效率便大打折扣。这也阻碍了个人甚至整个社工专业在知识上的发展。

七、理想的督导

在访谈时，新入职的社工都希望督导能做到以下几点：

a. 愿意聆听他人的意见；

b. 着重社会工作的价值观与专业操守；

c. 会提供意见去解决他人的工作困难；

d. 会告诉他人如何改善工作表现；

e. 善用督导发展个人专业；

f. 能给予情绪支援。

如何提升督导质量是广州、珠海、深圳等地的社工界都十分重视的，同时他们也为此作出了不少的努力。除了引入境外督导，他们同时也不断培训本土督导。近年来，广州及其他城市均提供培训课程，以提升督导能力，保证督导质量。

八、导师（mentor）与主督导

有规模的社工机构对新入职员工，都会安排一些入职导向的活动，帮助社工适应新的环境，甚至提供专职导师给予社工新人支持和引导。进入一个新环境的过程，可以用文化适应来形容。有过移民或到海外进修经历的人，一定有很深的体会。一个人移民到外地，他要进入新的文化，理解新文化符号背后的意义。社工新人进入一家社工机构也是如此，他们融入新环境的情况，就像一个人进入新的学校，结婚进入对方的家庭，需要一个熟悉适应的过程。所以，对于一个新入职社工来说，能找到一个信任的局内人作向导，对他融入新环境有着很重要的作用。这解释了为什么一些机构使用学徒型的培训，安排较资深的社工做导师给予新人支持和辅导。这也是一些院舍或戒毒的组织，通常以过来人作导师的原因，因为他们完全了解这些求助的人要面对的挑战及心路历程。以局内人或导师的身份帮助新入职社工做好期望管理，满足基本的专业要求，寻找适合的信息，努力创造一些新的改变，这些都是新入职社工的有力来源。

这就出现“主督导”的概念。“主督导”模式指每位社工由一位督导专职负责做个别化的培训，督导会按社工的发展层次、工作领域所需的关键才能和知识，制订督导年度计划。“主督导”的安排是有弹性的，有需要时（如个案出现突变及“主督导”不在）其他督导人员，包括导师，也会提供及时的协助，给予专业意见。

九、督导模式

你最喜欢以下哪一种督导模式？最不喜欢哪一种督导模式？

个别督导：社工与督导定期做一对一的会面，就其工作及处理的小组/个案作出督导。

集体督导：将一组有同样需求及背景相同员工，安排一起接受督导。

跟岗督导：指派员工到别的机构学习1—2个星期，并有特定的学习范围。

组长与组员间的同辈督导：日常督导工作，由较成熟、有经验的组长负责。

电子邮件/电话督导：由于信息科技发展迅速，可用电邮/电话作实时咨询。

遥距式督导：运用通信技术，突破时间空间界限的学习。

其他：如网络学习、安排专家到中心提供项目训练等。

督导的过程是双向的沟通。被督导者受益程度受许多因素影响，当中被督导者的学习态度、积极性等至为关键。你接纳督导时的态度是下表的哪一种？

学习类型	行为倾向
被动接纳型	比较依赖，欠积极
	期待被告知应做什么、如何去做和要做到什么程度
	会虚心接受，也会付诸实行
被动抗拒型	较依赖和被动
	等待被通知应做什么和如何做，但不一定接受，有时更会表现出抗拒行为
积极接纳型	自动自觉、活泼、积极、自我引导和自我负责
	知道自己所需要的知识、方法和技能
	乐于接受督导的建议和指引
积极抗拒型	性情开朗、自动自觉求取新知识和技能
	不乐于接受督导所给予的评语、建议和指引
犹豫表面型	优哉游哉，乐观多，奋斗少
	对督导表面遵从接纳，但很少发问
	表面上接受批评及建议，但不知进退，从不积极采取跟进行动①

十、小结

笔者以这两个寓言故事作为本章的终结。

寓言1——土虱故事

为了增加机构员工的活力及质素，以延续机构的生命力，机构的领导可以在机构中安排一些“土虱”。

① 梁伟康：《成效管理：非营利社会服务组织全面实践战略》，非营利组织卓越管理有限公司，2014年版，第563页。

钓鱼的人都晓得，如果把鱼钓上来放在篓子里超过1—2个小时，鱼儿会奄奄一息，所以钓鱼者经常在鱼篓里放一尾土虱。由于土虱生性喜欢攻击身边的鱼，鱼群必须持续跳、躲、闪以避免遭受土虱攻击，因此即使经过数个小时，钓上来的鱼还是活蹦乱跳的。

为提升服务质素，社工需要不断努力，不断进步，不断超越。社工机构必须要有人能适当地扮演“土虱”的角色，激励员工努力学习，更新工作技巧，提升素质，以达至机构本身的持续发展。“土虱”的角色一般都是由社工督导来承担。

寓言2——老鹰故事

老鹰是所有鸟类中最强壮的，根据动物学家所做的研究，这可能与老鹰的喂食习惯有关。老鹰一次生下四五只小鹰，由于它们的巢穴在悬崖高处，所以猎捕回来的食物一次只能喂食一只小鹰，而老鹰的喂食方式并不是依平等的原则，而是哪一只小鹰抢得最凶就给哪一只吃。在此情况下，被动、依赖、不进取的小鹰吃不到食物会饿死，最积极、自动自觉、进取的才存活下来。如此代代相传，使老鹰一族越来越强壮。

这个寓言故事告诉社工新人，只有主动积极、进取、活泼、自我导向、奋斗型的社工才能茁壮成长，不会被淘汰。

第七章

操练5：认识你的机构

一般来说，国内的社工机构成立普遍不超过10年，大部分在国家对社会工作政策出台后也就是2010年左右成立。目前这些机构普遍都属雏形，只同时运营两三个服务单位，组织结构扁平简单，部分机构负责人没有社会工作的背景。但也有一些机构发展迅速，运营超过5个以上的服务单位，但由于发展过快，往往导致组织松散、杂乱。

一、入职前准备阶段

决定在哪间机构入职是一系列的决策过程，包括求职引发、获取信息、货比三家等，方作申请决定。

（一）通过多种渠道了解机构情况

每位社工毕业生在找工作时都先要认识及了解应聘的机构。

了解机构的基本情况，最简单的方法莫过于通过机构的网站。以下的几个内容是需要重点关注的：

（1）机构服务的性质、口碑和业绩；

（2）机构的专业目的；

（3）机构的背景和历史；

（4）机构组织与运作特色；

（5）直接服务的知识与哲学；

（6）服务方法及过程；

（7）机构负责人的背景等。

以下是如何了解一个机构的清单，供参考。

使命、宣言	它的目标、使命、方向是什么
服务使用者	谁是机构的服务使用者，占社区人口多少
服务地区/范围	服务地区在哪里，包括哪些小区
经营状况	财务是否稳定，有多少员工，是否以营利为目的
哲学	基本信仰、价值观、志向与道德取舍
公共形象	社会的认同度/口碑如何，有没有负面消息
服务	主体业务是什么，服务内容是什么
专业程度	负责人是否专业社工，员工的专业能力如何
自我概念	主要的优势与核心能力是什么，是否与我的生涯规划配合
关心员工	是否将员工视为有价值的资产，升职机会如何，是否鼓励员工进修

除了在机构网站上了解信息外，机构内部的员工也是了解机构信息的重要渠道，不仅可以通过应聘机构内部的员工，也可以通过在该机构工作过或实习过的校友了解情况。社工系通常都有校友会，可以借此了解是否有学长在该机构工作，通过发送电邮、电话联系等方式，了解机构以及应聘时的注意事项。一般来说，校友都会乐于帮忙的。此外，系内教授/讲师也对行业有一定的接触和认识，通过他们也能从侧面了解应聘

机构并打听到一些信息，他们此时可以扮演咨询者、辅导者、教育者和倡导者等角色。整个申请及入职过程中，他们是各类资源的联系者。

（二）个人澄清与反思

刚毕业步入社会的待职社工多会感受到不同程度的适应困难及焦虑，因此不应仓促作出申请入职机构的决定。以长者社工为例，要考虑的问题包括：申请哪家服务长者机构？有没有其他的选择？我是否真的喜欢参加长者服务工作？我是否能够适应敬老院等长者生活的工作环境？机构的目标、使命是否与我的生涯规划相匹配？

（三）选择应聘机构

社工应积极寻找应聘机构的资料，为申请做好准备。如有机会参观机构，应仔细观察机构工作组织管理、业务内容、分支机构、附设服务、内部互动模式以及解决问题的方式等。如果能再了解一下机构的历史文化和沿革、机构负责人、机构发展历程、机构宗旨、机构服务内容、机构服务对象等，就会对机构有更为全面的了解，在此基础上再评估是否应聘。

笔者认识一些社工，在实习时已被安排到某家机构，未毕业已决心投身这家实习机构，申请时便可省去不少烦恼。M仔就是一个好例子：

> 当时是个大三学生，找过的公关太忙、文员太闷、销售太累、淘宝太苦，这些都不是我想要的生活，于是便找到了我们的老师，他建议我到一家家庭综合服务中心看

看。不知怎的被安排代替他参加当时由家综举办的定向越野活动。在那之后便开始以实习生的身份出现在家综，体验着各种工作，以事少、钱多、离家近的原则衡量着是否该留在长洲。至于钱方面，其实对于刚毕业的人来说也是蛮多的，因为很多文职刚入职时也就3000元，而社工有3500元，高了500元。当时我便决定了，先从家里踩单车去长洲，看看需要多久再做决定。结果加上坐船的时间，快速前进的情况下从家里到长洲居然只要30分钟。看着那些每天花3小时奔波在路途的同学，我毅然决然地选择了长洲。（M仔）

二、入职后的机构适应

当你确定入职某家机构并成为正式员工之后，你的一言一行所代表的不仅仅是你自己，同时也代表着机构。你与机构息息相关，因此你应该对机构有更为深入的认识。

社工进入新的机构和工作岗位，首先要了解新环境的文化、行为标准、期望以及没有明文写出来的规定和次文化。其次，社工要了解工作的内容和要求，需要哪些基本功，如何获得准确的信息和资源。这些都可以帮助新入职社工适应新的工作环境。

（一）更进一步认识你的机构

社工在“择木而栖”的过程中，通常都会考虑是否选择这间机构和如何适应新的工作环境等问题，入职之后这些问题并不会就此停止。社工在入职之后也需要对机构作进一步深入的了解，并初步评估机构对自己的适合程度（suitability），以此协助你制定适应的策略，这时可应用SWOT分析法（Strengths，Weaknesses，Opportunities，Threats）。

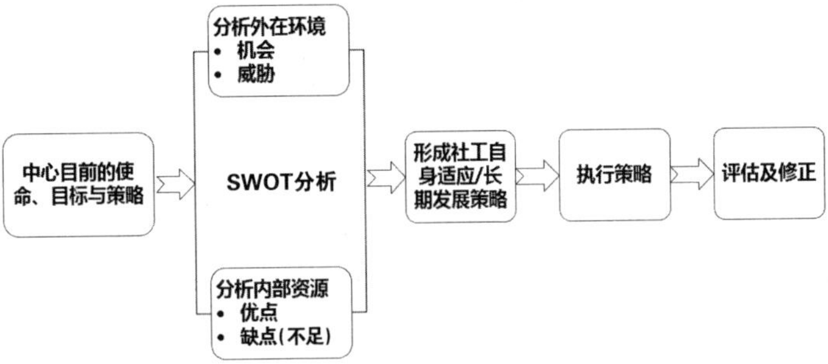

步骤1：外部环境分析

新入职社工应该检视机构的特定环境，这包括机构所在地区的政治、经济、社会、文化、科技、生态环境、法律等。此外，新入职者也要了解一下与机构有利害关系的团体（Stakeholders）的情况，这包括合作伙伴、资源控制者、重要支持者、服务对象等。分析完环境后，新入职者便可初步评估机构可持续发展的机会有哪些、可能面临的威胁又有哪些，这些因素都会影响到新入职者的前途和进修计划。在这里，机会是指外部环境因素中的正面趋势；而威胁是指外部环境因素中的负面趋势。

步骤2：内部环境分析

新入职者应了解机构的资源与能力。机构的资源包括：（1）人力资源——各个领域是否聘请了有能力的员工、是否提供适当培训及鼓励员工进修、员工流失情况及他们的士气和工作生活素质（Quality of work life）怎样；（2）经济资源——

财政是否稳健、是否设有内部审计、资助合约何时完结；(3) 资讯资源——这里指资讯管理是否完善；(4) 政治资源——是否得到街道及居民团体的支持，管理层是否能走进建制及能做出影响政府/地区的决策能力。

机构的能力是指执行工作时所需具备的知识与技能。核心能力则指能使组织创造出某种主要价值的能力。此外，我们也需要留意机构所采用的经营策略、执行情况和整体性绩效等，亦要认清机构的优点和不足。机构的优点是指机构所擅长的任何活动，或所拥有的特殊资源；其不足是指机构表现较差的活动，或机构需要但却未拥有的资源。

完成 SWOT 分析后，新入职者便可认清身处的环境，并据此拟定恰当的适应/发展策略，确立自处之道，了解如何趋吉避凶，合理调整对机构的期望。这些适应/发展策略目的在于协助新入职者：

1. 善用机构的优点和外部环境。
2. 缓冲或保护自己免受机构所面对的威胁影响。
3. 知悉机构的弱点和不足之处，以决定应对之道，并计划去留时间。

(二) 机构的科层问题

虽然每个机构都有其组织架构和相关沟通模式，以便于管理。但过分就会衍生一些科层文化，这些文化无形中造成了工作上的层层障碍，令人感到窒息。新入职社工秀仪就有以下经历。

当社工并没有比我当义工时开心。做义工时最常做的事就是陪伴。陪伴这件事情我做得很好，尤其因为那时候我是学生。以前去孤儿院的时候，不需要思考孤儿院应该如何改变，受照顾的孩子该如何处理。我觉得那些都不是我有办法去影响和改变的，但我能够单纯地从当义工的过程中得到快乐。因为这样的原因我选了社工专业，当了一名社工。进了社工领域之后，我发现行政的很多规范，要层层上报，也非常难协调，或者是说它没有办法很快得到改变。所以我相信那时候我跟孩子的亲人谈话时的无力感，纯粹是来自于我认为我帮不上任何忙，我能够做的只有陪伴。而如果仅仅只是陪伴，我当义工时就可以做得很好了。包括整个大环境，只要是跟行政体系扯上关系的，我都帮不上任何忙，这令我感到失望。我能做的就是经济补助，然后就是陪他们聊聊天。如果他在照顾这个孩子上面需要一些资源，这个我可以帮忙转介；可是如何真正协助他能够放下生活的重担，这个我帮不上忙。（秀仪）

官僚味浓厚的机构架构一般都不是扁平化的，会有很多严格的规矩和程序，员工无论执行什么工作都须经过层层主管的同意，这些繁文缛节不仅扼杀了员工的创造力，也影响了他们积极解决问题的态度，因为他们必须要“按规矩办事”。

（三）了解机构的专业价值观与伦理

小辉任职于一家非营利机构，对于该机构把“机构利益优先”当作机构价值观和对社工的工作期待感到不能接受。

我觉得机构经常为搞活动而搞活动，乱花资源，上层的人认为捐款人捐的钱，社工要想办法把它花完，否则捐款人说我们社工没有做好，就不再捐钱了，并会对机构说三道四。所以你只能办一个很大众化的活动，办到最后很有可能只是蛇宴、斋宴、派送粽子和一些娱乐活动，邀请捐钱人作为主礼人，让他出一下风头，稍微也会有一些主题啦。可是心里对此产生很多的疑问，觉得如果经常要讨好捐钱人是不应该的。(小辉)

身为社工我们必须坚持社工专业的价值观与伦理，面对机构把“机构利益优先”当作机构价值。小辉有“道不同，不相为谋”的感觉。

（四）分工是否公平

个案一

机构工作量太大了。一个社工负责120个儿童，相当于60个家庭个案，每个月还要固定访视一定数量的人，要办1—2项活动，我也曾经去向高层反映，觉得这样的工作让社工耗费的心力非常大，使我们没有办法专注于个案的辅导，常常因为个案量多而无法应对。(倩华)

机构在工作量分配上的不均与失衡，让倩华感到气愤灰心。他认为这份工作负荷沉重且有失公允。

个案二

我们所在的区域，有多个小区。一个小区有多少个案你不能去控制，所以在分割区域的时候可能有一个区域个案比较多，一个比较少，分配完之后，我们有两个人的长者个案数量是超过另一个社工的。我有64个，然后我看到有人是20个，我比他多很多。我不理解为什么有这么大的差异。总之那段时间很挣扎，难道不能平分吗？我以前50个个案的时候都很难完成，现在60多个，这应该是我不满的地方。（小倩）[①]

（五）了解次文化，规避风暴

每一个机构里都有小团体，如何在每个小团体中自由地游走，获得各方的信任，也是一门高深的学问。

机构里的次文化即是所谓“圈内文化”或小众文化，指的是某些人的观点和生活方式显著地不同于机构主流。因此，次文化可以说是指一群具有相似的社会背景的个体聚集在一起，经过长时间的相处了解与互动，逐渐产生一种相互认同和共同接受的规范、价值观念、人生态度与生活方式。

次文化多半会体现在面对事物的思想、态度、习惯、信仰和生活方式上，可以说是一种相对于主流文化的价值、信念，也是伴随着主流文化而产生的另一种特殊的价值观念和行为。次文化多半借由团体的认同和共享，像共同的主流文化一样流传。在其内工作的人们不仅仅只受到主流文化的规范，也从所处的小团体里，受到许多次文化的影响。

① 许祖维：《解构“专业”：社工系大学毕业生离开社会工作的历程》，台湾暨南国际大学社会政策与社会工作系硕士论文，2007年，第266—277页。

长者组经常有一些个案没人做，没太多事做的人老是盯着做事的社工，议论做事社工的个案，使做事的社工做不成事或做不好个案。中心主任却容忍没做事的人，因为他看到了做不成的项目。于是主任训诫做事的社工，因为他做不好个案。一些没事的人总是没事做，一些做事的社工总有做不完的事；部分没太多事做的人总是在侧边批评，使做事的社工不得不做更多的修补的工作。结果一些小事变成了大事，简单的事变成了复杂的事。(小孙)

“螃蟹文化”

笔者称上述情况为“螃蟹文化”。卖螃蟹的人都知道，篓子中放了一群螃蟹，不必盖上盖子，也没有一只螃蟹可以爬出去的。为什么？因为只要有一只螃蟹想往上爬，其他螃蟹便会纷纷攀附在它的身上“乘顺风车”，一只拉住它左腿，另一只拉住它右腿，结果把它拉下来，最终是没有一只能出得去。机构里常有一些员工，不喜欢看别人的成就和表现，天天想尽办法破坏与打压别人。如果不去消除这种办公室文化，久而久之，机构里只剩下一群互相牵制、毫无建树的员工，最后一事无成。机构应该时刻留意，及早将“螃蟹文化”扼杀于萌芽状态。

每个机构都会有主流文化，它要面对次文化所产生的冲击和挑战。这些次文化可能是对主流文化的积极改进，也可能是对主流文化的消极反抗。因此，每个新入职社工不得不留意和审视机构的次文化。

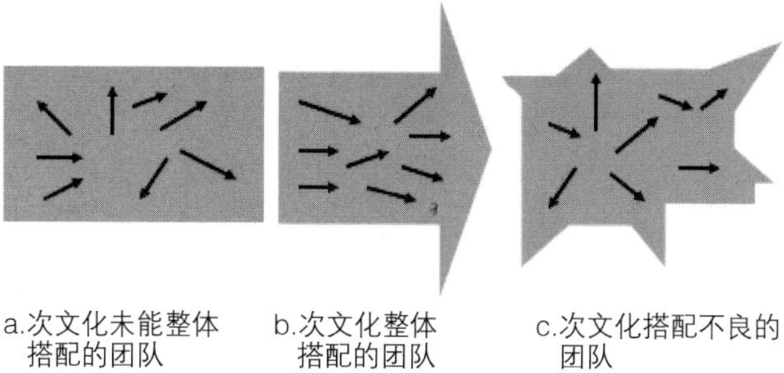

（六）了解机构的专业程度

个案一

在督导时，小美说她感到很无奈，原因主要来自机构非专业背景的主管对社会工作专业或社工的轻视态度和大环境带来的无力感两个部分。当她针对一些个案尝试去争取时，由于机构主管本身非社会工作专业背景，对小美反映的事情并不理解，因此对小美的意见多采取不理睬或不重视的态度。

有时候主管不懂你在说什么，不懂你在想什么。他们只按照自己的逻辑、他们的思考。整个机构就是这样在运作。（小美）

我反映过啊，可是主管回我的话说，你还年轻，你刚出来而已。（小美）

个案二

小建在一家宗教色彩浓厚的医院从事医务社会工作。他遭遇的不快，主要是该医院的管理营运不够专业，影响他的工作。[①]

问题源于机构由非专业人员管理，导致一些管理问题。例如，医院管理者是院长，医院规定院长一定要是神职人员。问题就是院长是非医疗专业的，他们通常接受的都是神职人员的训练，虽然他们的出发点都是很好的，但是在助人的过程中，你的一些专业方法，往往会和医院管理经营上存在冲突。假设这个病人社会福利署给予三千多元的综合社会保障援助，修女会认为，三千元怎么够呢？可能要一万元，甚至修女可能会自掏腰包。一般的医疗团队，医生掌握病人医疗处置的大权，假设医生说病人已医好了，建议他出院回家，但修女可能会说那个病人很可怜，没有家人照顾啊，不适合出院。其实这个问题可以交给各专业合作去解决，譬如说医疗归医生，护理归护士，社会福利交给社工。他们（指院长与修女）的决策可能会跟专业人员存在一些冲突。当然，最终你还是要听这些修女的。我觉得医院既有宗教文化阻碍了各个专业的自主性。(小建)

你的机构是否由外行人领导内行人呢？

（七）了解机构的薪酬架构，报酬高不一定好

每位社工从事社工行业的动机不一定完全相同，但对绝大

① 许祖维：《解构“专业”：社工系大学毕业生离开社会工作的历程》，台湾暨南国际大学社会政策与社会工作系硕士论文，2007年，第278页。

多数的社工而言，获取报酬仍是其最为基本的工作动机，因此报酬可以说是重要的工作动力，可以激发员工的工作意愿与成就动机。报酬作为机构对员工进行控制或影响的主要工具之一，其目的可分为内在与外在两种，其中内在目的旨在提高工作绩效，减少员工的缺勤和降低其流动率；而外在目的则为吸引人才，以充实组织内部的员工素质。由于环境的多变与个人需求的不同，发展合理的报酬制度，能够有效地对员工工作表现产生激励。①

报酬一般可分为薪资性报酬与非薪资性报酬，前者包括直接性的财务报酬与间接性福利的津贴，后者包括所有可以提高工作者自尊与成就感的工作环境因素。大体而言，报酬工具共分为六种，分别为：

1. 物质性奖赏，如：薪水、红利、年终奖金；
2. 福利性奖赏，如：保险、退休金、医疗津贴、休假等；
3. 象征性奖赏，如：豪华办公室、壁饰装潢等；
4. 社会性奖赏，如：口头褒奖、微笑、征求建议、正式认同等；
5. 任务性奖赏，如：成就感、授权、工作轮调等；
6. 自主性奖赏，如：自我肯定、自我赞赏等。②

我督导的一个新入职社工，就因为工作满足感、得到认同、成就感等非薪资性报酬，毕业后决心留在实习的家庭综合服务中心。她表示：

---

①② 徐增圆：《新世代工作者之工作价值观，期望报酬类型暨两者相关要素占组织的关系》，政治大学心理学系硕士论文，2001年。

> 在走访当中，我踏遍了长洲岛的每一个社区，认识了长洲岛上的社区资源，了解了长洲岛的地域民情，更重要的是在忐忑不安的走访和主任不断的鼓励下，慢慢积累了访谈经验。我依然记得，复康人士的第一份走访建档表就是我跟另一名实习生一起设计的，得到主任的认同及赞赏。我依然记得，自己实习的工资只有800元/月，隔壁班的同学兼舍友问我："在长洲实习工资这么低，每天早出晚归，晚上回来还要工作，为什么你不选择一个待遇好一点、工作也轻松点的机构工作？你看某某某，他就去了某个机构，同样是实习，人家两千多一个月。"我当时只是笑了笑，没有回答，但在我的心里，我知道自己选择在长洲的理由，不仅是长洲岛带给我的亲切感，更重要的是，我想踏踏实实做实务。在督导的鼓励下，我坚信在长洲能获得成长和改变。因此，在大学正式毕业后，没有丝毫犹豫，我选择了扎根长洲。(小芬)

社工小芬的情况印证了Henderson（1979）的说法："非金钱性报酬"能增强员工个人的自尊和成就感。"非金钱性报酬"包括如下内容：

1. 改善工作条件可降低员工的身心疲乏（born-out）；

2. 地位的提升可以增强员工的自我价值感；

3. 改进、提升工作技能，可以增加员工的生产力，进而降低身心的疲乏；

4. 工作再设计可提高员工的自主权；

5. 加强在职训练可以改善员工现在与未来的工作能力和机会；

6. 成长与发展计划可以增强社工对其工作重要性与贡献的感觉；

7. 支持性的同事关系可产生健康的工作环境。

你的机构有没有在上述方面做出努力，以增加员工个人的自尊和成就感呢？

Lawler 指出，当员工对薪酬不满时会有各式各样的反应，包括：

1. 希望增加薪资；

2. 若上述无法达成则可能降低工作绩效或寻找另一份工作。

工作吸引力降低，且对工作不满意的感觉可能会引发退化或离职行为。详细内容如下图所示：

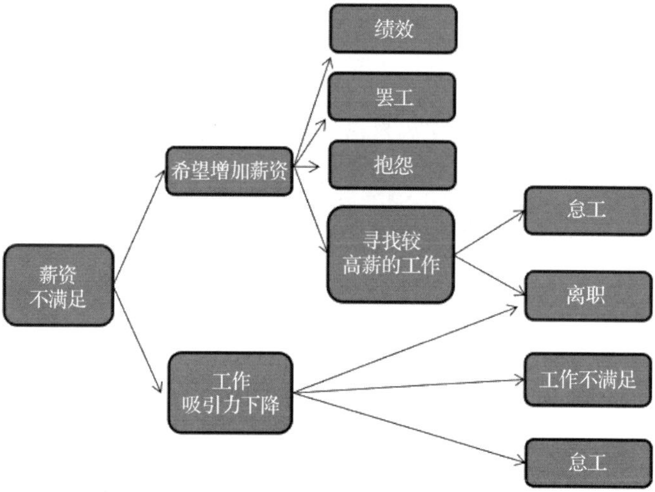

薪酬不满足时所带来的后果①

① 徐增圆：《新世代工作者之工作价值观，期望报酬类型暨两者相关要素占组织的关系》，政治大学心理学系硕士论文，2001年，第39页，表1.1。

有人曾问道，如今广州及珠三角地区社工的工资水平普遍不高，许多工龄高的社工都转行了，新入职社工应如何坚守社工职业呢？笔者不得不承认社工也处在现实生活环境中，当社工的环境随着时间而改变的时候，例如要成家立室，面对生孩子、买房等情况时，社工也会对金钱有现实的需求，如果他/她需要做出对家庭负责任的选择，我们也应该尊重他/她的选择。再说，社工不仅仅是一种职业，也是一种生活精神，可能不做社工了，也可以通过其他途径进行社工服务。当然，在许多情况下，社工转行的原因主要是自我价值感得不到满足。因此，坚守社工职业的重点之一，就是要不断提升自己的价值感和满足感。笔者服务的广州黄埔区的一所家庭综合服务中心的15 位社工，就有 8 位在机构协助下完成了社工硕士课程；另有一位更上一层楼，正准备前往海外就读博士课程。他们扎实地去做实务研究、学习高层次理论，通过读研考博来提升自己的专业能力，将社工作为自己的事业来经营，有成就感，因而会投入更多工作热情，会因为看到接受服务者的正面变化而感到满足和快乐，逐渐形成良性循环。

那么，你满意机构的薪酬架构吗？

小结

新入职社工需要对机构有整体性的了解，清楚岗位职责，明确它的工作方向，掌握工作时可利用到的内外部资源；此外，还应该了解机构的考核、激励机制等，一方面知晓工作的要求；另一方面也看到职业晋升空间。这样有助于社工更快适应工作环境，更有动力做好本职工作。

第八章

操练6：掌握时事脉搏，做到4A的关心

人既然生在世间，就不能离开众缘，更不能离群隐世。①

一、“社会工作者”离群隐世不认识“社会”，能否有效地“工作”？

社会每天都会发生很多事，时事议题与居民息息相关，以香港为例，如全民退休保障、最低工资、贫穷线的重订等都会引发市民的关注。然而，一些社工界同侪对民生事务及周边发生的事，大都采取不闻不问、置身事外的态度，我有我的工作，你有你的关心，他们仿佛是生活在象牙塔里的“隐世社工”，不关心民间疾苦。如此这般，社工又怎么可能清楚了解案主的问题，为他们制订有效的救助方案呢？更遑论为困难群体发声，推动社会福利制度的完善了。

初出道的社工，大都年轻，入世未深，看起来很稚嫩，一

① 释证严：《静思语》，台湾·慈济人文出版社，2013年版，第132页。

般对社会事务并不关心，大部分在工余时只顾打游戏机，与朋友聊天、谈恋爱，对社会的政治、经济、科技、法律、劳工、财经、环保等时事议题几乎不感兴趣。与他们谈及相关事务时，他们都一知半解，对这些发生在社区内的事务缺乏关注，挂在嘴边的只是一些“娱乐新闻”“八卦时事”，对社区资源、权力结构都并不熟悉。笔者真的为他们担心。

关心时事，与时俱进

二、注意时事，紧贴民生事务

社会问题犹如冰山，人们直观了解到的往往是冰山的一角，不加留意则无法窥其全貌，若仅仅看露出水面的部分，就不能够了解问题的广度、深度以及它对市民大众产生的影响。

社工应关心问题内部的复杂结构和深层的隐性环节，对其加以认知或揭露，探寻真实问题的关键所在和背景原因，在此基础上才能设计出具有针对性的活动方案，协助服务使用者应对问题，减少伤害。了解社会问题的渠道很多，除进入社区观察，与居民、社区接触沟通外，社工也可从阅读期刊、民调、媒体、网络讨论、数据库、社工专业书籍等处着手获取知识。

时事议题被“热议”“常议”，社会影响力日趋扩大的时候，就是社工机构决定将这个议题列入年度工作计划的时候。但据笔者的观察，新入职的和某些有经验的社工并不喜欢主动与居民领袖互动沟通，机构所订购的社工刊物也没有太多人阅读，被束之高阁；一些年度计划也只是纸上谈兵，无法立竿见影地应对社区居民的问题。

许多社工解释说，每天专注服务、处理个案和筹备小组活动等，已令人疲于奔命，哪有时间和心情去了解和关注社会事务。

然而，社工是需要立足社会的，应该紧跟市民的脚步，有“先天下之忧而忧，后天下之乐而乐”的精神，必须想市民所想，急市民所急。社工必须关心社会事务才能知道市民“所急”的是什么。

香港的《社会工作者工作守则》在这方面对社工要求很高。例如在“基本价值观及信念”的七项守则中，就有四项强调“社会”这个客体，其内容包括如下：

- 社工的首要“使命”在于协助有需要人士并致力处理社会问题。
- 社工有责任维护人权并促进社会公平正义。
- 社工相信任何社会都应为其公民谋最大福祉。
- 社工有责任更新、提升并运用本身的专业知识去推动个人和社会的进步。

由此可见，社工的角色并非可以“选择”是否去关心社会。关心社会是社工的使命与责任，并非可有可无的工作，而是社工应尽的义务。

新入职社工们，我们不能对社会事务一知半解或不闻不问，那只会令你在分析案主问题的时候遭遇“盲人摸象”“井底之蛙”的困境，不利于推进机构的服务，更影响机构的社会认可度。

作为社工，我们除了要了解机构“内部因素”外，对机构的“外部环境”，即所处的社会也应有充分的认知，关心发生的每一事、每一物。机构管理常提到“议题管理”，当中要求管理者要留意政治、经济、社会、科技等方面的变化，掌握社会脉搏，评估其影响和为机构带来的机遇。而我们社工个体也要对时事议题时刻关心，因为社会的人和议题对社工、对机构、对服务使用者都有直接或间接的影响，是不容忽视的。

在此，笔者进一步利用下图来解说。

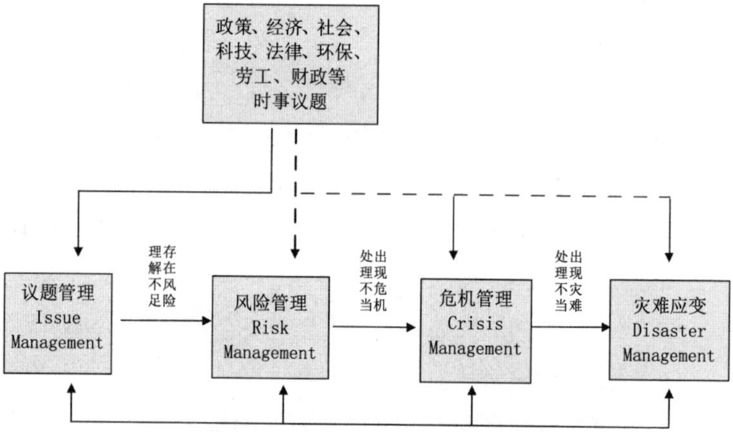

议题、风险、危机、灾难变动图

机构的内部因素，包括服务、财务、人事与业务等，其中任何一项管理欠佳，都会是导致机构及其人员危机的主要根源；而外部环境是指社会政治、经济（如通货膨胀、租金上涨等）、科技、法律、环保、劳工（如最低工资标准的实施）、财政等政策，这些政策的任何变动，我们都称为时事议题，对周边环境变动（时事议题）的疏忽，将会是造成机构危机的直接原因。

时事议题管理是针对那些可能带来重大影响的政治、社会、经济、科技、法律和环境生态的议题所作出的确认、评估和回应。新入职社工应学习经常留意出现的时事热点，不可与环境脱节。

以香港经济为例，近年来零售业萎缩，内地访港人数减少，失业率上升等时事议题，如果我们对此一无所知，就会难以理解相关的因果关系，难以妥善辅导失业个案。

社工的工作场所，不只在办公室、活动室和接见室，也包括社区。组员来自社区，个案也来自社会，因此社工心里没有“社会”及社区的场境，就会失去其意义；社工不理解服务对象问题的社会因素，只会营营役役，没有“工作”效果。

社工新人对社会时事要做到4A（Anyone，Anytime，Anywhere and Anything）关心，即人人关心、时时关心、处处关心和事事关心，保持敏感触觉，了解身边发生的事务对服务使用者的影响。

第九章

操练 7：减压心法，赶走工作压力

面对服务对象、同业人员、上级、合作方，要做到“对大人不小，对小人不大”，不要给予自己太大压力。

在督导的过程中，一些新入职社工曾向笔者诉说诸多工作的压力：

“有时会焦躁不安，担心做得不好会丢脸，或怕不能完成任务被上级责怪。”

“工作压力大时，生活也受到影响，睡眠不足，心情低沉。但又觉得自己必须要学会承受压力。”

“我因为无法帮助到案主而感到非常有压力，也因为不能把工作做好而感到内疚。”

一、试用期的压力管理

近八成社工进入职场不久就会感到吃不消，想离开这个行业，主要原因包括社工专业不受重视、与个人期待不符和工作压力过大等。毕业生成熟度不足、社会经验也不够，带着有限的专业知识和临床实习经验，进入未知的高压力社工职场，其间的角色转换与职场适应充满了压力和挑战，很多新入职社工容易因此成为“职场逃兵”。

一般而言，进入工作单位后社工新人都需要一段适应期。适应的过程中常因为对组织的不熟悉、没有足够的支持，或遭遇现实冲击（reality shock）（如工作负荷远超过预期）等情境，而产生沉重的工作压力。

很多新入职社工因人生经验不足，经常为大大小小的事情担心，认为自己无法应付，导致未能自我放松，常常感到身心俱疲。笔者在督导时，常有新入职社工表示自己曾患有经常性失眠。

> “有那么一段时间，晚上虽感到很累，但总是睡不着，心里很焦虑，难以好好入睡。”
>
> “胸口很闷，头很痛，前两天还拉肚子。其间看了几次医生，虽然肚子不痛了，但人还是没精神，脑袋晕晕的，医生说这是因过度紧张而导致的生理反应。”

工作压力过大，会对新入职者的生理、心理、情绪和行为造成负面的影响，同时也会影响工作表现和绩效。本章将会协助你了解什么是压力。压力产生的来源，讨论怎样预防以及管理好工作中的压力，从而妥善照顾好自己。

二、压力是什么

“压力是指人遇到挑战或困难时出现的情绪变动，如焦虑、紧张、恐惧等心理状态。不同人的压力来源可能不同，如青少年会因人际关系、学习等原因出现压力；长者则可能因自身健康状况、照顾生病的老伴等原因产生压力。适当的处理能把压力转化成正面的推动力，如通过培养乐观性格、增强个人逆境智商、调整生活方式等都可有效化解压力。”①

压力在许多不同的情境下都会产生，最普遍的状况是与工作、经济问题及人际关系有关。压力可能是由重大的生活改变而产生的，譬如搬家、毕业、失业等，或是因一堆小事累积而成。压力是把双刃剑，具有正向和负向两个特性。在临界点前的压力是适度的压力，可以产生积极的作用。相反，在临界点后的压力是过度的压力，具有破坏性，新入职者需要留意。

初出道的社工除了要面对专业的实务考验、工作时间不稳定、人际关系的不确定之外，更要承担解决案主困境的责任，压力自然而然就出现。

承受压力的经验也因人而异。某件事会令你感到有压力，但同样的事件不一定会使其他社工感受到压力，因为每个人承受压力的能力不一样。如下图所示，压力是当工作要求超出你的能力所能应付的程度时产生的。

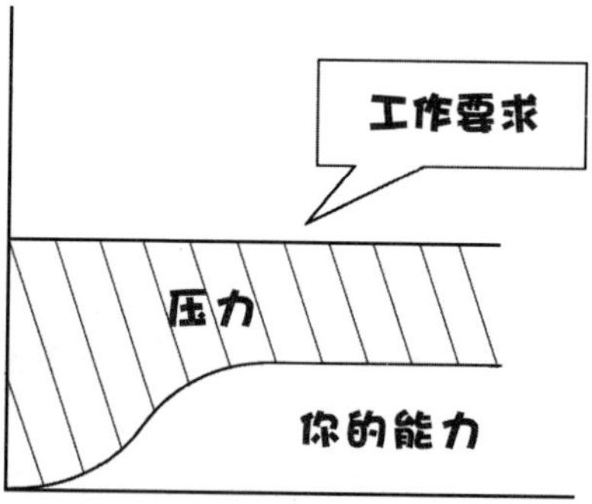

① 引自香港《明报》2016 年 1 月 14 日的报道。

虽然你已经应付了数以千计的压力，如考试、升学等，但是每天都会有新事情发生，导致你觉得压力永远存在。

三、压力的来源

工作难免会出现压力，初出茅庐的你不得不去面对。在试用期内，你需要学习新技巧，同时需要达到工作上的要求。可能是第一份工作的缘故，全新的工作内容会令你感到焦虑。其实，这是正常的反应。

以下问题，可能会协助你了解压力的来源：

1. 实务方面

- 某些特别的服务对象是否会令你感到困惑；
- 你是否能够满足督导的期望；
- 对应用机构信息系统是否存在困难；
- 你是否清楚工作任务及内容。

2. 工作方面

- 你被安排的工作，是否很艰难；
- 你是否掌握足够的专业知识及技巧；
- 你的督导是否提供足够的支持；
- 你是否被要求处理复杂的个案。

3. 家庭问题

- 工作以外的事情是否会令你分心，例如家庭成员去世、生病或是怀孕等，这些事情会给你带来相当程度的压力；
- 你是否因为没有时间与家人、伴侣或朋友相处而感到愧疚；
- 经济上是否很拮据，导致你产生忧虑。

下图或许可以协助你了解新入职社工的压力来源①。

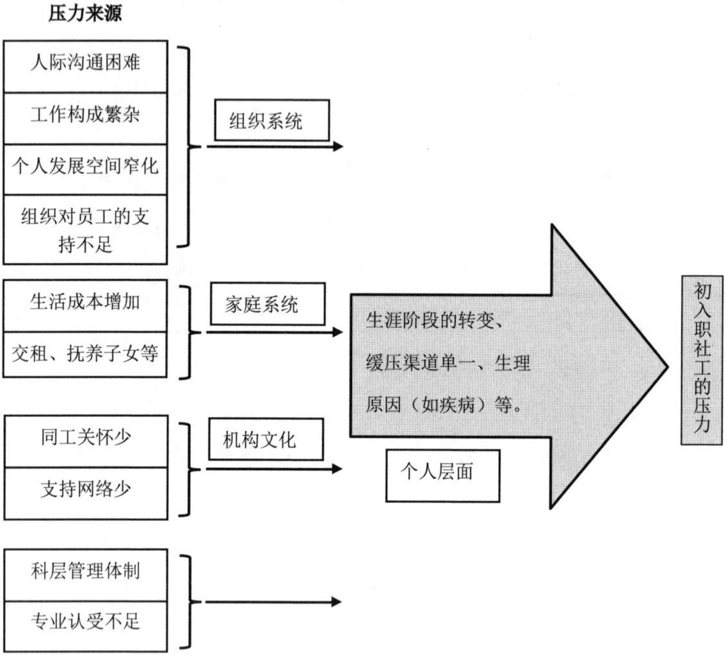

四、面对压力的反应

面对压力时，我们都会有一些本能的反应，可用“恐惧、迎战或逃避”（fear，fight or flight）的 3F 理论去解释。假设我们是猎人，当面对野兽或其他部落的攻击时，你便会出现恐

① 王晓菲：《企业一线员工压力管理中的社会工作介入——以中山市某企业为例》，载《社会工作与社会治理创新——第二届广东社会工作本色与本土论坛》，2015 年，第 179 页。

惧、迎战或是逃避等反应。在压力状态下，身体会释放荷尔蒙，让人产生留下奋战或选择逃跑的想法以供选择，从而达到减少或避免肾上腺素带来的刺激。

工作中有太多的情境会激发“迎战或逃避”的荷尔蒙，但我们却无法有效地使用它。例如：当主管要求你处理复杂的个案时，你会接受挑战还是拒绝接案？当我们选择逃避时，人体内的化学物质就无法发挥作用，持续长时间则会对生理与心理的健康状况造成危害。这些危害包括：

1. 生理变化

（1）睡眠模式受干扰，无法入睡。

（2）血压上升。

（3）头痛与肌肉酸痛（包括肩、颈、背部）。

（4）消化不良、胃痛。

（5）暴饮暴食或食不下咽。

2. 情绪变化

（1）情绪低落、不快乐。

（2）易怒。

（3）焦虑，终日营营役役，无精打采。

（4）低自尊，不敢直接与上司对话。

（5）缺乏自信，患得患失。

3. 行为改变

（1）注意力不集中，不能专心工作。

（2）思绪混乱，影响决策能力。

（3）使用酒精、咖啡因、烟草、药物（处方或是非处方）等。

（4）减少与朋友及家人相处时间。

如果压力的起因明显易辨又易于解决，你受压的时间会较为短暂。如压力持续，以致你的生理、情绪以及行为都发生了改变，那你应该学会运用正确的方法，进行压力疏导及情绪管理。

五、减压心法

以下的减压心法以及放松技巧会帮助你消除压力，令你快乐地踏上工作之路。

- 心法 1

“别忘了：身处试用期，对有自信且有能力的人来说，也是一项挑战。”

- 心法 2

“切记！有压力不要紧，因为对一个个案不知所措，不代表你是失败；而对于进行一个特定的家访感到恐慌，也不等于你不适合这项工作。”

- 心法 3

“切记：虽然压力是无形的，但不是解不开的。”

- 心法 4

“压力并不可怕，只要找到适当解压方法，生活能变得很好。压力可引起生理上的变化，但也可以改善你的工作表现。重要的是你得学会压力管理，那么压力就不会成为你的问题。”

- 心法 5

“记住，你是可以控制好工作上的压力的。但你若相信你的生命是由命运控制或掌握在别人的手里，那么你面对的压力将比别人大得多。”

- 心法6

“记住，要学会放松，建立自信。”

以上的心法，社工新人应当时刻牢记。此外，你也要多做松弛练习、深呼吸、运动等等，这些皆有助于放松。聆听柔和的轻音乐，幻想在绿野中漫步，呼吸着新鲜空气、将拳头一松一紧开合、体会肌肉放松的舒畅等等，亦可达到松弛神经的效果。一边念心法，一边做着这些放松练习，你的压力将会得到有效的舒缓。

接下来，笔者会带领你检视减压放松的基本技巧。

1. 照顾好自己的基本需要

不断地照顾好自己的需要，将有助降低压力及将工作做好。

a. 常做运动。

b. 建立有规律性的睡眠习惯。

c. 预留属于“自己”的时间。

d. 抽出时间与朋友、家人进行交往，不要踽踽独行。

e. 不过量饮酒和咖啡。

将以上工作做好，有助于你照顾好自己。你有良好的饮食、运动、睡眠与家庭生活等，就有足够能量来应对工作中的种种压力。

参加压力管理工作坊，共同找出压力的原因

2. 工作中的自我照顾

笔者发现，社工新人出现压力症状时多会先选择与朋友、同事分享，这说明社会支持在调适工作压力上发挥着重要作用。同时，社工前辈的支持、引导与经验分享，也有助于帮助新进人员应对问题，减少工作时面对的挫折，减少摸索和尝试错误的机会，他们也是社工新人咨询的对象。此外，家人支持更在毕业生职场适应上扮演着重要推动者的角色。

工作生涯展开时，为减少无助和压力，切记要做好以下几方面。

（1）寻找情绪支持来源。包括内部以及外部的支持系统，这可以是你的督导、同事、朋友或家人。

（2）与旧友保持联系。你必须与朋友保持联系，获得情感支持等。他们也可能面对类似的挑战，因而你们可以彼此支持。不要因为工作忙碌而放弃与同学聚会的机会，以免导致身心孤独，出现压力。

（3）参加或开始建立自己的支持团队。与同事聚会并分享经验会对你有一定的帮助，同时你也许会从中收获一些如何面对挑战的锦囊妙计。

（4）试着参与社交活动。参加工作团队的社交活动，与他们共进午餐，可以帮助你了解并融入你的团队。

（5）遵循指引。机构一般都会提供一些关于如何达到工作要求的指引，比如必须要呈交哪些档案、收集哪些工作资料等，你应学会善用这些指引，管理好自己的工作。

（6）计划每天怎样去妥善照顾自己。在忙碌的工作时间里，尝试每天挤出 30 分钟的午餐休息时间，找一个绿意盎然的公园，在没有噪声、氧气充足的地方呼吸一下新鲜的空气，适当放松一下自己。

社会支持帮你度过压力期

3. 管理好你的压力

虽然有以上建议去对抗压力，但你仍会发现工作中处处充满挑战，并感受到压力仍然存在。别怕！你还可以运用其他技巧来改变这种状况，但千万不要：

（1）轻视压力的来源，并期待它会自动消失；

（2）寄希望于别人替你解决问题；

（3）持续地把注意力放在自己身上，导致压力的增加。

你可以尝试：

（1）辨别压力的来源，消除压力产生的机会和条件；

（2）学会将“过度压力”转化为“适度压力”；

（3）消除压力产生的负面影响，并控制其蔓延。

六、给新入职社工的主管和督导的一点建议

1. 学会赞美

值得一提的是：主管有责任去调整社工新人对自我价值的

不合理评价，这有助于他们缓解焦虑。主管的轻轻赞赏，例如："你做得不错啊！"一句简单的赞美话语，就能肯定他们的价值和能力，帮助他们建立信心，减少患得患失的情况。

领导的肯定，有助缓解焦虑

2. 充分鼓励

督导或主管应给予社工新人充分的鼓励和支持，经常激励就是给予他们最大的帮助。作为督导或主管，不可忽略与新入职社工建立人性化的工作关系。现今的社会只追求效率，虽然知道对新入职社工的辅导应当是以人为本的，但在辅导过程中为了立竿见影，主管或督导往往不自觉地犯了辅导的大忌——偏重对问题的分析及解决，集中讨论他们的问题而没有关心员工本身。切记：仅仅运用辅导的知识和技巧是无法促成转变的，唯有真诚的爱护和关怀才能真正帮助员工克服压力的困扰。员工在感受到被重视和被接纳的时候才能够敞开心扉，释放自己被压抑的情绪和思想，继而渐渐将心中的郁结打开，以正向、积极的态度面向压力。

思思及洁婷的压力来源

我觉得自己是一个蛮好强的人，所以我会希望自己能

够达到督导的期待……可是那就会造成我自己的压力很大。（思思）

晚上睡不着啊。我很不喜欢当时的工作内容，现在回想起来，我觉得当时做得很不好是因为我常常在逃避，不想做这些事情。（洁婷）

第十章

操练 8：改善心智模式

案主一直住在伦敦，她跟妈妈平常交流会讲普通话；但爸爸是英国人，只能讲英语。因此案主自小会流利地使用两种语言。到 3 岁的时候，父母带着她去上海。到了上海之后，她却和男性用英语进行交谈，和女性用普通话进行交谈。这个小孩用自己的经验构建了一套理念，认为对女人应该讲中文，而面对男人应该讲英文，她认为这套理念很符合逻辑，因为在她的经验世界里面就是这样的。但旅途之后她很快就发现这套看似合理的理念（心智模式）其实是错误的。

一、心智模式如何发挥作用

心智模式是由苏格兰心理学家克雷克在1940年创造出来的。这个名词一方面指人们的长期记忆中隐含着他对世界的心灵地图；另一方面指我们日常推理过程中一些短暂的理解。而这种短暂的心智模式是潜移默化、日积月累的，会逐渐形成并影响人们的信念。

人的思维活动、思维观念经常是习而不察，甚至是与生俱来的，但它却无时不在，并且直接或间接地影响着你对他人、对周围的人和事的理解，不同的人用不同的心智模式去观察和对待周围的事物，结果常常大相径庭。简而言之，即是“心态”。

后来美国麻省理工学院教授彼得·圣吉（Peter M. Senge）提出“学习型组织”理论，并将改善心智模式、建立愿景、超越自我集合成书——《第五项修练》。该书出版后立即掀起全球学习风潮，被喻为管理圣经。心智模式是人的思想方法、思维习惯、思维风格和心理素质的集中反映。一个人的心智模式的形成经历了漫长的时间过程，伴随着一个人从小到大，包括他在各种各样环境中的经验、阅历及所见所闻，也包括与老师、家长和朋友交流时的观点。这些见闻经自己的简单提炼逐步形成一些思想原则和思维框架，就是所谓的心智模式。心智模式是一种内在的意识活动，根深蒂固地存在于人的心中，影响我们如何了解这个世界，以及如何采取行动的许多假设、成见，甚至图像、印象等。心智模式的例子包括归罪于外、墨守成规、局限思考、心态不正等。①

为进一步协助新入职社工了解心智模式，笔者运用三个案例进行说明。

案例（一）　可恶的邻居

社工与组员小王聊起了关于邻居的话题。他激动地说："我家隔壁新搬来的邻居，真的是可恶极了！"其他组员都好奇地问为什么。

小王夸张地嚷了起来："隔壁家的小孩常常三更半夜来敲我的门，敲完就走了，真不知道他们的父母是怎么教育的。"

"哪有这样子的，你没有向他们的家长反映吗?"

小王撇嘴一笑说："我才不和他们一般见识呢，当他们是疯子。我继续练习我的钢琴。"

① 资料来源：baike. baidu. com/view/1537221. html，浏览日期：2016 年 6 月 12 日。

只要归罪于外，说到别人的不是之时，好像每个人眼内都有樑木；可是很少有人进行自我省察。新入职社工要懂得：认为自己什么都懂的人是无知，认为自己一切都对的人叫无理。每个人都想着改变世界，但是意识到要改变自己的人却不多。

案例（二） 默写成绩

两个英语成绩较差的学生的母亲，在完成亲子小组活动 3 个月后各自向社工报告儿子英语科的学习情况。

母亲 A 说："英文默写仍然不合格，我拿他真的没办法了。"

母亲 B 说："他有进步，虽然默写仍不合格，但已由 10 多分升至 30 多分，他很有进步的潜力。"

同样的状况，就看你如何去思考，如何面对，有正向思想，就会成功。

新入职社工都会用自己的价值观、偏见、信仰和经验来解析环境所发生的事。你的生活并非完全由单一的生命态度来决定，而是由你自己面对生命的态度和你看待事情的态度一起决定的，不同的信念、思维往往会影响我们对案主问题的分析和处理。案例（二）有关英语默写成绩的例子代表两种以下不同的思维：

1）负向思维

❖ 怀疑自己，不相信自己的能力；

❖ 抱怨环境，常感叹怀才不遇；

❖ 自我设限，不敢超越自己；

❖ 做事优柔寡断；

❖ 自卑又刚愎自用；

❖ 怀疑别人；

❖ 难见笑容。

2）阳光思维

❖ 具有强烈的成功欲望；

❖ 永远相信自己的实力和潜力；

❖ 凡事从积极方面思考；

❖ 把挫折看作财富；

❖ 遇事果断，勇于承担责任；

❖ 出了问题从自身找原因；

❖ 热爱生活，热爱他人；

❖ 永不满足现状；

❖ 以自身的感染力影响他人；

❖ 宠辱不惊，去留无意。

案例（三）　龟兔赛跑

与新入职社工收集资料时，社工新人小胡讲了龟兔赛跑寓言的下集给我听。

兔子因贪睡而输给乌龟，比赛后兔子耿耿于怀，于是勤于练习，乌龟也不甘示弱，他们都先练 Peter M. Senge 的第一项修练——建立愿景。确定目标，各有目标后再进行第二项修练——超越自我。兔子检讨比赛结果，知道输的原因有二，一是骄傲自大，瞧不起乌龟；二是贪睡。于是，兔子再向乌龟下战帖。乌龟也勤练 Peter M. Senge 的第二项修练，每早五时起床练习，而且每天都要进步一秒钟。但乌龟受体能限制，且要背负笨重的龟壳，知道如何勤练也无法取胜，于是每分钟都埋怨它的妈妈（给它笨重的龟壳）。但乌龟没有放弃，只好练习第三项修练——改变心智模式，意思是体力不能胜人，就动用脑力去胜人。

如何将绊脚石般的壳变成打败兔子的秘密武器？

于是乌龟思考龟壳的作用，与兔子订下新的比赛方式，由山上至山下，先到者为赢。比赛枪声一响，兔子快跑下山，沿途提醒自己不能睡觉，但跑到半途，只见乌龟像石头般滚下山，等到兔子跑到终点时，乌龟已气定神闲地喝着果汁在等他。

在协助案主或自我完善时首先要改变认知、改变想法，改变了想法就会改变态度；随着就会改变行为，当你改变行为之后，你的人生也因此而改变。改善心智模式，源自古老智慧，是当代管理大师推荐转变职场心态的核心技巧，新入职社工应要有所认识。通过掌握和应用此操练，将使我们更清醒地面对世界和反省自己，与成功相约，实现从成长到优秀，进步再进步，超越再超越。

如一件事失败了，很多人认为是能力问题，其实这可能是心智模式影响了我们的行为，因此我们必须去体会、认知、检验和改善我们的心智模式。

笔者在督导新入职社工时也发现部分社工存在心智模式的问题，这影响到了对他们的辅导效果。以下是两个典型的例子。

（1）社工经常遇到啰啰唆唆的长者，而且内容都是千篇一律，长期聆听他们说话难免感到厌烦，觉得很有压力，不知该怎样处理才好。但他们不知道社工要细心聆听案主的往事，重组长者的生命故事。社工必须要改善心智模式，不要只批评长者的啰唆，应尝试在零碎片段中找出案主的“主线故事”，以达到治疗的效果。

(2) 很多新入职社工会抱怨居民反应冷漠和否认社工的作用，觉得居民不参与是环境问题，很少反思自己的服务质量问题。

这是社工要改善部分心智模式的两个好例子。

二、改善心智模式的方法

(一) 方法

(1) 必须在自省时首先把镜子转向自己。

不把责任推给别人，必须学会先把镜子转向自己，看看自己的心智模式（想法）有什么不妥。一个人经常自省，把镜子转向自己，才能认识自己、自我批评、自我反思、自我发现问题，认清自己的优势和不足，这样才能发挥潜能。

(2) 必须学会开放心灵，容纳别人的想法。

如果把思想紧锁，不开放心灵，就听不进别人的声音。我们必须将自己开放，接纳别人想法。这虽然很难做到，但必须经常提醒自己。

(3) 学会有效表达自己。

有时会觉得自己表达不舒畅，影响了与别人的沟通。只有有效地表达自己，才能与人沟通，才会有更多朋友伙伴，才能得到别人的理解和信任。相反，如果自己表达不舒畅，就会影响与别人的沟通。

(4) 学会换位思考。

换位思考的另一种说法叫“设身处地”，处于他人的位置上来体会他人的心情，换一个位置思考的方法，可以使人发现站在本人位置上思考的局限，是改善心智模式的一种有效方法。

（5）学会赞美，学会感激，学会聆听。

赞美、感激、聆听使人心情愉悦，增加彼此的认同，缩短彼此的距离。

（二）练习

为了加深认识，读者可用以下例子做练习：

新入职社工小尔总是诉诸权威，老认为香港督导教的总是对的，中心主任的意见不切实际、不成熟，总听不进去，因而经常与她争论。

你会怎样协助小尔改善心智模式，学习放开心灵，容纳别人的想法呢？
建设 a. ______________________
建设 b. ______________________
建设 c. ______________________

第十一章

操练9：检视你的工作价值观

人的观念不正，就不能正业；观念如果偏差，所做的事业也会错误。[①]

目前新入职社工所处的环境，与过去是大不相同的，因此其许多想法和心态可能与上一代社工有所差异。

笔者在与新一代社工接触、共同工作的过程中，发现他们普遍都接受过高等教育，对于科技的熟悉与掌握程度高于前几代人。因为他们是成长在快速变迁、信息发达的新世纪，能够快速获取知识，在某种程度上他们具有一些新的特质，但这也容易造成其性格上的不确定性。

有研究指出，新入职的社工比较强调自我，更重视自我实现，更热衷于具有弹性、挑战性和自主性高的工作。他们大多较为功利、现实，但与此同时，新一代社工承受挫折的能力比较低，略欠使命感。他们在工作上一旦发生不如意，往往更会随意地采用逃避、离职等方式解决问题。成长于核心家庭和小康社会的新入职社工对于物质方面的要求也很高，因而他们更

① 释证严：《静思语》，台湾·慈济人文出版社，2005年版，第160页。

容易因为对自身福利待遇不满，或追求更高的经济收入而选择离职跳槽。新入职社工对所服务机构向心力、忠诚度和对所从事工作的满意度等，都与成长于强调服从、忠诚、内敛和以团体为重的社工前辈有着显著的差异。庆幸的是笔者在广州、珠海等地遇到的年轻社工大多较为成熟且进取，没有太多工作陋习。

接受笔者访问的社工新人大多承认自己在入职初期不自觉地要争取雇主的信任，大多数社工机构对新入职社工也抱以观望、不完全信任的态度。因为雇主知道新入职者的抗压性（承受催逼和压力的能力）、受挫性（承受挫折及打击的能力）和稳定性较低，虽然新入职社工有较高学历，但其实务操作能力还有待提升，应付实际工作的能力不足，需要时间去磨炼。有研究显示，现今一般新入职青年人的特征如下[①]：

现代新入职者的基本特征

1. 不满意现实
2. 率性而为
3. 缺乏自我责任感
4. 重视个人享乐
5. 崇尚自我
6. 追求实时性报偿
7. 金钱至上
8. 挫折容忍力低
9. 只重结果、不重过程
10. 及时行乐
11. 追逐流行
12. 重视精神生活
13. 注重休闲质量的提升
14. 讲求个性和品位
15. 急功近利
16. 自主性强
17. 渴望亲密关系，不愿担负责任
18. 果断力足够
19. 轻言放弃
20. 快餐式简约爱情观
21. 游戏性格
22. 速食主义

① 徐增圆：《新世代工作者之工作价值观，期望报酬类型，暨两者相关因素与组织承诺的关系》，政治大学心理学系硕士论文，2001年，第144页。

23. 一步登天、钱多事少
24. 喜欢动态具挑战性的服务业
25. 自我意识强
26. 没有自信
27. 没有积极的使命感
28. 没有绝对的价值体系
29. 喜欢自我表现
30. 标新立异
31. 注重感觉
32. 把工作当游戏
33. 喜欢新奇事物
34. 喜爱感官刺激、不喜欢思考
35. 乐观
36. 讲究快速效率
37. 家庭观念淡薄
38. 消费享受主义
39. 只重表面不重实质
40. 喜欢开玩笑
41. 幽默
42. 功利主义
43. 以视觉图像作为表达工具
44. 渴望成功，眼高手低
45. 没有耐性
46. 勇于发表意见
47. 反抗权威
48. 富创意、多专长、多变化的职业观
49. 敢冒险
50. 不知足

作为新入职社工的你，上面的特征，你有多少项？

对于年青一代的工作者，不同的专家学者有许多有趣的分类与界定方式，笔者摘选了部分与大家进行分享：

❖ 草莓族——看起来光鲜亮丽，但抗压性特差。

❖ 水蜜桃族——皮薄易烂，心灵脆弱。

❖ 寄居族——经济与生活由父母照顾的族群。

❖ 归巢族——大学毕业或已成年，却回家让父母照顾的族群。

❖ 飞特族（Freeter）——从事非全日、临时性工作的族群。

❖ 尼特族（NEET－Not in Education，Employment or Training）——学校毕业之后，既不做家务，也不上学，也没有工

作的意愿。

❖ E世代——电子的（electronic）、易动感情的（emotional）、以自我为中心的（egocentric）、苛求的（exigent）年轻人。

基本上，每个人都是一个独立的个体。泛论一个族群是危险且不公道的，但处于每个年代的人大多具有一定的共同性，对某阶段的人及其在工作表现的共同性做研究和反省，也是很有意思的。上段所述族群代表了不同的工作价值观（work value），这些价值观虽不太准确，但也代表了属于那个族群的人所具有的重要属性。不同的工作价值观会直接地影响社工新人对工作所持有的看法或态度，进而影响他们对服务领域的选择、专业行为与工作满足感，并在个人评价工作的过程中以“偏好”的形式表现出来。基本上，社工个人的工作价值观是在其个人经验及文化背景混合影响下的产物，它不但受到个体差异，例如家庭、教育、性别等因素的影响，同时也深受其所处文化和社会环境的影响。因此，对于处于不同年代、不同族群的工作者而言，其拥有的工作价值观自然也有所差异。[①]

每个社工新人都需要建立良好的工作观，他的态度来自个人的观念，若有正确的工作观念，必能有效地承担工作上的责任。

不同文化与特质的族群对事物的价值观自然不同，比如说美国人和中国人的许多价值观是不一样的。由于价值观的不同，自然整体行为的表现也会不同。然而，就算社工们有同一

---

① 徐增圆：《新世代工作者之工作价值观，期望报酬类型，暨两者相关因素与组织承诺的关系》，政治大学心理学系硕士论文，2001年，第144页。

行为，但不代表他们有相同的价值观念。例如 A 拼命工作是为安全感，害怕失去工作；B 拼命工作是为了有更大的享乐；C 拼命工作是为了满足挑战和荣耀；D 拼命工作是为了帮助更多的人。价值观会主导一个人的行为，所以不同的工作价值观会影响一个人的工作（高汉堡，2004）。[①]

毋庸置疑，新的一代有着和旧的一代不同的工作价值观。现在就介绍一些对当代年轻雇员的分类，你也可以参考和检视自己是否也属于这些族群。

（一）草莓族

草莓族最早是由台湾 Career 就业情报董事长翁静玉在 20 世纪 90 年代提出的。相关文章集结成书出版距今也超过 10 年了。草莓族多用来形容 1981 年后出生的年轻人，说他们像草莓一样，好看，但不好吃，不耐磨也不耐撞，承受不了挫折，脆弱且容易被击倒。尽管表面上看起来光鲜亮丽，但却一碰即烂，不善于团队合作，主动性及积极性与上一代比均较差。现代年轻人从小生活环境优越，注重仪表，学历傲人，但一旦走入业界，往往经不起人生的历练，从而抱怨不断。开始投入职场的草莓族最大的特色之一，就是工作岗位往往不具有稳定性，只要有更好玩的或是更高薪水的工作，就会“见异思迁”。

拿这个来对比广州社工职场，笔者发现草莓族的身影同样可见。一方面，社工的求职压力巨大；另一方面，短期内高离职率也让社会服务机构等用人单位头疼不已。新入职社工的上

---

① 高汉堡：《近来我国青年世代高失业问题的探讨：批判实在主义的研究取径》，台湾东吴大学经济学系硕士论文，2004 年。

司，年龄普遍在三四十岁，十几二十岁的年龄差距免不了与新入职员工有所谓的代沟了。主管们抱怨说："如今的大学毕业生，爱漂亮爱打扮，上班迟到，喊口号说每天要睡到自然醒，工作要钱多、事少、离家近，不虚心学习，不接受批评，抗压性非常低，自尊心特别强，每位都极具个性。"

越来越多到内地工作的香港督导发现，1980 年以后出生的年轻社工，部分出现跟草莓族一样的症状。大陆草莓族与台湾草莓族最大的不同点是，大陆草莓族的诞生主要是政策使然，这个政策就是计划生育。这个为了减轻大陆人口压力的政策，实行多年后产生的结果，就是使大部分年轻人在家人的呵护下长大，集万般宠爱于一身，在家中被过度保护与溺爱，让他们凡事都以自己的感觉为主，不但抗压性低、过度以自我为中心，而且还崇尚物质、追求名牌。

现在的年轻人老是被冠上"草莓族""水蜜桃族"等头

草莓族

衔，在所谓的“大人”眼中，他们是一群成天追逐最新科技，没有思想还禁不起碰撞的新新人类。对于这样的刻板印象，五月天在歌曲《米老鼠》里有反驳：“谁是草莓族，你才是榴莲族，一身伤人顽固，伤害我，还要我不哭。”歌曲鲜明地刻画了与草莓一族相对的榴莲族的形象：固执己见，粗暴伤人。[①]

（二）跳蚤族

在 A 公司工作 2 个月，B 公司工作 3 个月，毕业没两年，简历经历栏却是蛮“精彩”的。他们以“走过千山万水”为志向，“看尽各业冷暖”为荣，好处是“见过世面”，但令老板担心的是“他会待多久”。

工作不满一年甚至未满半年的职场新人，“永远都在寻找更好的机会”，换工作像换牛仔裤般频繁，履历表密密麻麻 3 张纸也写不完。许多跳蚤族的学历、经历令人叹为观止，卖相很好，然而，真正的工作能力却没有经过考验——因为他无法在一个企业待久到让别人知道他真正的实力。运气好的人往好的方向发展；但一不小心换错机构，就兵败如山倒。他们的口头禅是：“下一家机构一定会好的。”

表面上看，跳蚤族初入职场就频繁跳槽，表明了新一代不拘一格的思维方式和自信洒脱的行为方式。但是事实上，跳蚤族的大量涌现有其比较深层的原因，有关专家罗列出以下三点：

---

① 资料来源：http：//baike. baidu. com/view/987. htm，浏览日期：2016 年 5 月 25 日。

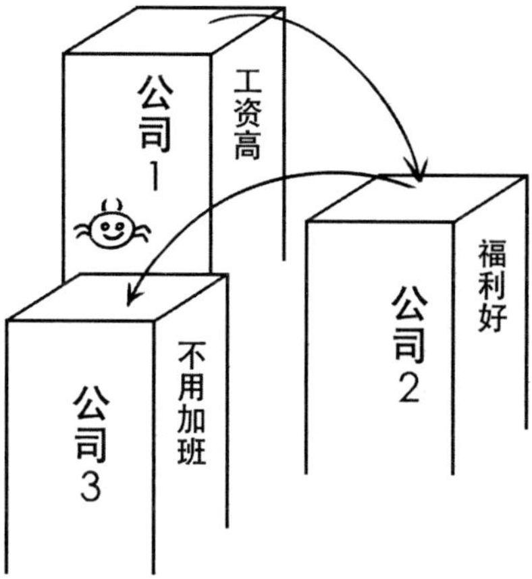

跳蚤族

一是就业形势的严峻，使得不少社工专业毕业生为了避免毕业即失业的困局，选择“先就业再择业”的策略。结果是，一旦踏上工作岗位，才发现职场的环境和自己的想象相距甚远——老板不会像老师那样宽容，办公室不像教室那样单纯，职员也不能像同学那样随性，再加上有些单位工作环境确实比较恶劣。在难以忍受的情况之下，新入职社工只好离职，一走了之。

二是很多社工专业学生对自己的职业生涯没有进行规划，从来没有想过职场是怎么回事，甚至不了解自己和自己的性格、能力究竟适合提供什么服务，自己喜欢什么样的工作。社工新人如果盲目地就职于一个完全不适合自己的岗位，就像被困入一个围城，迫切想要走出来。

三是一些年轻社工刚离开学校，心态浮躁、眼高手低，大事做不了、小事不屑做。长期以来家长宠爱着、老师将就着、同学簇拥着，总觉着自己是领导人物，总觉得单位那一池浅水怎能容得下自己这一条真龙。外面的世界很精彩，里面的事情很无奈。这种看不清自己、认不清世界的后果是，跳槽之后还是不能沉下心来做事情，只能继续跳槽的历程。[①]

（三）飞特族

飞特族是英文 free（自由）和德文 arbeiter（工作者）结合的新词，指的是轻松面对工作，追求自由生活形态的工作者，他们认为无拘束的工作生活比职业生涯发展更重要。有别于草莓族的外表光鲜、本质易脆，这种新兴的飞特族重视自由，不求长久性的正职，只想自由打工，追求自主空间。造成飞特族快速增长的主因有两个：一是年轻社工越来越喜欢自由自在的生活方式，不希望受工作拘束，因此变成“想工作时才工作，并不把工作当成常态”。二是经济衰退，企业紧缩裁员，在工作越来越不好找的情况下，他们找不到长期、稳定及可终身雇用的工作，只好迁就临时性工作。根据日本官方估计，飞特族已占其 15—34 岁人口的五分之一。

以下是一些对他们的综合描述：

■ 他们认为上班不等于工作，他们的“工作”迟迟没有开始。

■ 他们是一群 30 岁以下、不知工作“愁滋味”的优越群体。

■ 他们的字典里没有休假，只有辞职；没有混混日子，只有速战速决。

---

① 资料来源：http：//baike. baidu. com/view/966886. htm，浏览日期：2016 年 5 月 25 日。

■ 他们备受争议，也十分被看好。

■ 他们实践着大多数人潜意识里的职业理想。

■ 从不担心“丢工作”。

■ 为了享受一个“悠长假期”，不惜得罪老板。[①]

如果我们的社工新人是飞特族的话，他们优哉游哉的态度怎能让机构放心？又怎能去辅导我们失业、待业的案主，怎样以其生命影响别人的生命，给予他人正向的引导呢？这真叫人担心。

（四）尼特族

尼特族是 NEET 的译音。NEET 的全称是（Not currently engaged in Employment，Education or Training），最早使用于英国，之后渐渐地被其他国家使用。它是指不升学、不就业（或只短暂工作）、不进修或不参加就业辅导、终日无所事事的族群。[②]

尼特族是世界性的社会问题，主要在发达国家和高经济增长、高生活素质的国家和地区的青年阶层中产生。在我国台湾地区有时会被媒体当成“宅男”使用，容易造成与专业的“御宅族”混淆不清的情况；在我国香港地区，他们则被称为双失青年（失学兼失业的青年）；在美国称之为归巢族（Boomerang Kids），意指孩子毕业后又回到家庭，继续依靠父母的照顾及经济支援。在国内称为“家里

---

① 资料来源：http：//baike. baidu. com/view/511979. htm，浏览日期：2016 年 5 月 25 日。

② 资料来源：http：//baike. baidu. com/subview/511977/18792156. htm，浏览日期：2016 年 5 月 25 日。

尼特族

蹲”或“啃老族”。

随着高等教育的普及化，大学毕业人数逐渐增加，因为拥有高学历的心态，因此他们不愿意从事较低薪资的工作，这会让他们感觉心理不平衡。另一方面也是因为现代部分被称为草莓族的青年吃不了苦，不愿从事太辛苦的工作，要求工作轻松且薪酬高，就呈现空等状态，既没工作也没读书。

学者研究认为可将尼特族分为 4 类，分别是“追求梦想型、丧失自信型、自闭型和家庭溺爱型”。

1. 追求梦想型。对于自己的现实工作充满理想，非要达成理想状态才能满足自己所需，会有一直转换工作的情况。

2. 丧失自信型。因一次失败的工作经验，对往后就业产生挫折感，信心遭受打击，不敢再面对就业。

3. 自闭型。从小与社会接触环境较少，造成隔阂。

4. 家庭溺爱型。从小背负家人的期待，认真读书只为了满足家人的期待，拥有高学历却不清楚自己将来的打算，对于未来是一片迷茫的心态。[①]

我们的社工新人，有多少是尼特族呢？他们怎样才会进入职场、回头是岸呢？属尼特族的社工人是否适合做社工呢？这些问题都值得我们思考。

（五）月光族

月光族英文是 Moonlite，是指把每个月的收入全部花光的一个群体，他们/她们都有较为固定的收入，不愁下个月没有钱花。月光族是相对于努力攒钱的储蓄族而言的。月光族的口号：挣多少花多少。[②]

在生活成本高昂的城市如广州、深圳等地，财政压力大，每月“赚了多少就花费多少”的月光族大有人在。尤其是薪酬较难增长的年轻人，既要应付高通胀，又要应付生活消费升幅随时快于加薪幅度的生活。月光族未必爱花钱，或更多的是花不起。美国万通银行曾委托香港大学进行调查，指出每7个“80后”“90后”里，便有一个是月光族，即没有存款。今时今日物价高租金贵，港人生活本来就越来越难，不只是“80后”“90后”的问题，想不踏上“月光”之路，难过登天。学者指出，年轻人因为消费模式不当才导致“月光”问题，例如数千元的手机、旅行等也不是必要开支，应该量入为出，不能以“基层收入换取中产生活质素”。“80后”“90后”常被贴标签为“大花筒”。事实上，食住开支在飙升，收入却不变，每月工资花光有时也是不可避免

①② 资料来源：http：//wiki. shop. hk/doc-view-36709. html，浏览日期：2016年5月25日。

的。薪水难涨，但身处的世界却仍面临年年通胀，衣食住行开支样样皆升。年轻月光族并不是香港独有，内地及台湾的年轻人也不遑多让。台湾 20—24 岁年轻人月收入中位数在 2014 年仅为 2.3 万台币（约 5900 港元），当地企业家戴胜益早前向年轻人建议，月收入没5 万新台币（折合约 1.3 万港元）就别存钱，花钱建立人脉更有用。这一言论在当地引起了不少争议。①

月光族

一般而言，月光族们有知识、有头脑、有能力，花钱不仅表达他们对物质生活的狂爱，更是他们赚钱的动力。老一辈信奉“会赚不如会省”，对月光族的行为感到痛心疾首。而月光族的格言却是“能花才更能赚”，花光用光自得其乐。

月光族们是信贷消费最坚定的支持者和实践者，他们对“寅吃卯粮”的做法感到心安理得。但他们并不愿打肿脸充胖

① 资料来源：http：//paper. hket. com/article/116948/% E5% B9% B4% E8% BC% 95% E6% 9C% 88% E5% 85% 89% E6% 97% 8F% 20% E4% BD% 95% E4% BE% 86% E9% 8C% A2% E5% 84% B2% E8% 93% 84，浏览日期：2016 年 5 月 25 日。

子，很少向别人借钱消费，认为大不了透支信用卡，下个月补上就好。

新入职社工在理财上一开始就有所欠缺，这已经影响到了他们的生活，是否也会影响到他们的工作表现和值得信赖的程度呢？

小结

社工个人的精力是有限的，如果你有上述族群的负面特征，每天又花百分之六十的时间去感叹命运的不公，花百分之二十的时间去羡慕妒恨，再花一点时间去重整情绪，你还有多少时间来处理好个案、小组呢？刚踏入职场的感觉是期待、兴奋又害怕受伤的，面对社会变迁的波澜，适应崭新的职场是需要小心谨慎的。做好自己，不必太多东张西望，要怀抱无畏无惧的勇气，面对各项挑战。

新入职社工要建立良好的工作观，笔者在此作出以下提醒：

1. 社工是机构最大的资产，新人们要做机构的良性资产，绝对不要做机构的负资产或成为机构的负担。

2. 能扛责任者，才能负担重任。

3. 严师出高徒，社工新人需要慎选一个较有学养的严格师傅（督导或主管）。

4. 若要功夫深，铁杵磨成针。能吃苦耐劳的社工才能学得真功夫，有效地去服务求助的案主。

5. 要懂得利用机构资源不断栽培自己，经营自己成为高附加价值的社工人才，更高效地服务社会上有需要的人。

6. 提升服务质素要由经营自己开始，刚离开学校的社工学生应把第一份工作当作自己的事业努力经营，能当好一线社工者就有更多的机会当主管。

谨守以上原则，建立正确工作观，相信是社工新人最佳的开始。

第十二章

操练 10：社会工作伦理的再培训

个人专业行为及言论，不仅代表自己，也代表机构，更可能对整个社会工作专业造成影响。

一、社工的伦理责任

要有良好的专业行为及操守，必须知道相关行业守则。感到遗憾的是，笔者在广州、顺德、深圳、福州、西安、重庆等地为新入职社工做社会工作伦理培训时，发现大多数社工居然不知道或没看过国内的《社会工作守则》《社会工作职业道德指引》等伦理守则。由于对专业伦理认知不足，以致在实务操作上出现严重的失误。例如过去3年，笔者在广州多家家庭综合服务中心做督导时，发现这些服务单位的社工为了工作上的方便，在活动签到表填上会留下过多参加者的资料，把联系电话甚至地址及年龄等都留下了，使其他参加者在签到时轻易看到别人的隐私资料。很明显，社工的这一行为违反了保密原则。

社会工作伦理由英文“Ethics in social work”直译而成，是社会工作依其哲学信念和价值取向发展而成的一套伦理实施原则，以作为引导与限制助人活动的依据，也可以说是社会工

伦理两难

作者用来表达专业行为和指挥其行为的一组道德准则或标准。简言之，社会工作伦理是社会工作专业的行规，是社会工作价值的表现以及社工的行为准则。它的功能包括：

（1）实践社会工作理想上可以应用的原则；

（2）社工人员提供专业服务的指南；

（3）判断社会工作实务适当与否的标准；

（4）专业伦理规范适当行为；

（5）提供社会信任。①

大家都知道社工对服务使用者、机构、专业本身、社会、其他专业人员和同事都负有一定的伦理责任，新入职社工还记得下图吗？

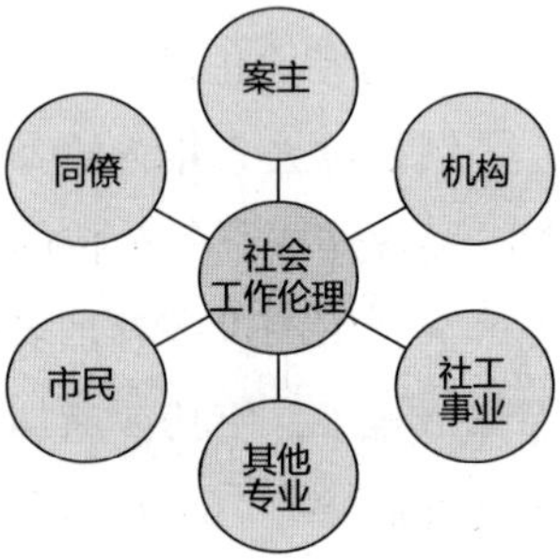

① 曾华源、胡会婴、李仰慈、郭世丰：《社会工作专业价值与伦理概论》，台北·洪叶文化事业有限公司，2006 年版，第 191 页。

（一）对案主的伦理责任

面对案主开展服务时，社工要切记以下原则，包括：

1. 案主优先原则；
2. 案主自决；
3. 告知的义务；
4. 保持专业关系；
5. 利益回避；
6. 保密原则。

社工新人都知道上述原则，但知易行难，很多社工都不知道实际操作时该如何应用。例如：在利益回避中如何婉拒新年“利是”（红包）？是否应该答应案主的邀约参加其生日晚宴？年老案主将孙女介绍给社工当女友应该怎么办？社工代表机构在抽奖时中奖应该怎样处理？面对这些问题不知如何处理时，社工应该多向督导或社工前辈请教。

（二）对同工的伦理责任

我们必须尊重同工。笔者曾数次在公交车上，看到穿着工衣的社工不断谈论中心主任及其他同工的不是，说中心主任偏私、阴险等。而他们的工衣上很明显地展示了其任职机构的名称。

这样的行为是不恰当的。同工之间应该是彼此支持、互相尊重、彼此激励和合作的。在工作时，我们要谨记尊重其他社工、专业人士和义务工作者的不同意见与工作方法，并协助保障同工的合法权益等。

（三）与机构有关的伦理责任

1. 应向雇用机构负责，提供具有效率和效能的专业服务。

2. 应作出建设性并负责任的行动，以影响并改善雇用机构的政策、程序和工作方式，务求机构的服务水平不断提升。

3. 在发表任何公开言论或进行公开活动时，应表明自己是以个人身份、代表团体还是机构名义行事的。

4. 不应在未经服务机构的同意下，利用机构与外界的联系，为个人的私人业务招揽服务对象。①

（四）对社工专业的伦理责任

1. 从事专业工作时，应持诚实、诚信和尽责的态度。

2. 应持守专业的价值观和职业的操守，并提升专业的知识。

3. 应向有关机构报告任何有违专业工作守则或危害社会工作服务对象利益的行为，并在有需要时维护那些受到不公正指控的社工。

4. 对专业发展的伦理责任，包括：

（1）有责任不断增进本身的专业知识和技能；

（2）有责任协助新加入社会工作专业的同工建立、增强与发展其操守、价值观与专业上的技能与知识；

（3）对专业提出评论时，应持着负责任和有建设性的态度。②

---

①② 参考香港社会工作者注册局《注册社会工作者工作守则》。

（五）跨界别协作的伦理责任

1. 应以公平和专业方式执行职务与对待同工，无论对方隶属哪个机构，对他们均一视同仁。

2. 应尽量与其他社工及其他界别的人士协作，以提高服务的成效。

3. 当作为一个跨界别小组的成员时，应本着社工专业的角度、价值和经验，参与和促成将会影响服务对象福祉的决定。社工应尽量促使和协助该跨界别小组及其成员，清楚界定小组整体及其个别成员的专业和道德责任。

4. 如果一个跨界别小组的决定引起有关社工道德的问题，该社工应设法通过恰当的渠道来解决分歧。如果这样仍未能解决分歧，应寻求其他适当和符合服务对象利益的途径，来处理他们所关注的问题。

（六）对社会大众的伦理

1. 当政府、社团或机构的政策、程序或活动导致或造成任何人士陷入困境及痛苦，又或是妨碍困境及痛苦的解除时，社工赞同有必要唤起决策者或公众人士对这些情况的关注。

2. 赞同有必要倡导修订政策及法律，以改善有关的社会情况，促进社会的公义和福祉。亦赞同有必要致力推动社会福利政策的实施。社工不可运用个人的知识、技能或经验助长不公平的政策或不人道的活动。

3. 赞同有必要致力防止和消除歧视，令社会资源分配更为合理，务使所有人士有均等机会获取所需的资源和服务。

4. 赞同有必要推动大众尊重社会的不同文化。

5. 赞同有必要鼓励社会大众在知情的情况下参与制定和改善社会政策和制度。

二、社会工作伦理的两难

两难问题是指专业人员必须在两个相近的选择，或者相等的价值间选择一个的抉择困境。社工由于必须同时处理角色冲突和角色地位问题，经常会遇到进退两难的困境。怎样处理伦理两难问题，是新入职社工最薄弱的部分，由于经验所限，在处理个案时经常受困于伦理两难问题。

（一）伦理两难出现的原因

一般来说，社工面临的专业伦理两难包括：

1. 处置目标与法律、规则或政策有所冲突的问题。

例：为了自食其力，不依赖政府提供的福利，一位单亲母亲为工作谋生而将幼儿留在家因此触犯法律，社工是否应该替她向法官求情？

2. 社工面对案主之诚信或保密问题。

例：在家人要求保密的情况下，医务社工是否可以回应病人的要求，告知她/他患了晚期癌症呢？

3. 与同仁关系方面的问题。

例：同工过于懒惰，不愿为案主提供应有的协助，令年老案主不断往返折腾，社工应否向上司检举？

4. 有限资源的分配问题。

例：医院由于急需病床给予轮候病患者而要求社工安排已康复的独居长者出院，但这会陷体弱长者于风险当中。

5. 与法律诉讼有关的问题。

例：是否向公安举报案主藏有攻击性武器？

（二）对新入职社工的建议

1. 新入职社工应深入了解 Lowenberg & Dolgoff 的伦理顺序表，以及 Reamer 之处理伦理困境两难原则（见附件1及附件2，这有助社工解决伦理两难问题）。

2. 如应用时仍然有困难，应立即向督导或社工前辈求助。善用督导，有助于认识抉择过程和思考方向。

3. 应多看案例（包括医务、老人及身心障碍、儿童、少年、妇女、家庭等领域的伦理两难案例）。

以上方法将有助你加强对社会工作伦理判断的理解，协助你妥善抉择，处置个案的两难问题。

根据你的经验，你对以下个案有怎样的想法呢？

> 一女社工小学时曾被继父性侵犯，继父母离异后她再没有见到继父。该女社工现在为敬老院的院长。某日，女社工接到一位长者申请入住的资料，详细阅读申请文件后，竟发现申请者为她的继父。她是否应该接纳这份申请呢？

附件1　伦理原则顺序表①

原则1　保护生命原则

原则2　差别平等原则

原则3　自主自由原则

原则4　最小伤害原则

原则5　生活质量原则

原则6　隐私守密原则

原则7　真诚原则

（Lowenberg & Dolgoff，1992）

附件2　处理伦理困境两难的原则②

1. 伤害到维持人类生命、健康、尊严时优位于其他伤害（如诚实、保密、财富、机会均等）。

2. 个人基本福祉的权利优于他人的自决权。

3. 个人自我决定权优于其自身基本福祉的考虑。

4. 人们在自由意志下遵守的法律、机构规定等义务，凌驾于个人的信仰、价值与原则。

5. 预防社会大众伤害发生，为提升公共利益而对个人财产累积造成损害是可接受的。

6. 当个人基本福祉权利与法律规定和民间组织中的规则相冲突时，个人福祉权利应优先考虑。

（Reamer）

---

① 秦燕：《社会工作伦理》，华都文化事业有限公司，2013年版，第171页。

② 秦燕：《社会工作伦理》，华都文化事业有限公司，2013年版，第166—169页。

第十三章

操练 11：认识专业生态

移动 1 厘米的视线，你将会了解到更多社工专业的生态。

全国共有多少家社会工作行业协会？有多少个合格社工？又有多少家社会福利机构？你知道社工专业的法规政策吗？“人在情境中”强调了社会环境对个体产生的重要影响，是社工新人开展社会服务的重要视角。同理，社会工作作为一门新兴的行业，其发展也深受社会环境和政策环境的影响。新入职社工有责任提高专业的知识和技能，同时也应对本专业生态、问题和发展方向有充分认识。只有对环境保持敏感度，社工才能与时俱进，充分参与到行业发展的洪流中，清晰自身的定位，把握自己的职业生涯。

一、认识国家制定的相关法规政策

回望过去 10 年，社会工作的发展离不开政府的推动，尤其是国家与地方层面相继出台了推动社工专业发展的法令和条例。其中，2006 年人事部、民政部《关于印发〈社会工作者职业水平评价暂行规定〉和〈助理社会工作师、社会工作师职业水平考试实施办法〉的通知》（国人部发〔2006〕71 号），对从事社会福利、社会救助、社会慈善、残障康复、优抚安置、卫生服务、青少年服务、司法矫治等社会服务机构中从事专门性社会服务的专业技术人员实行职业水平评价制度，标志着在全国范围内初步建立了行业的职业标准体系，为社会工作的专业化和职业化的发展奠定了重要的基础，新入职社工不可不了解。

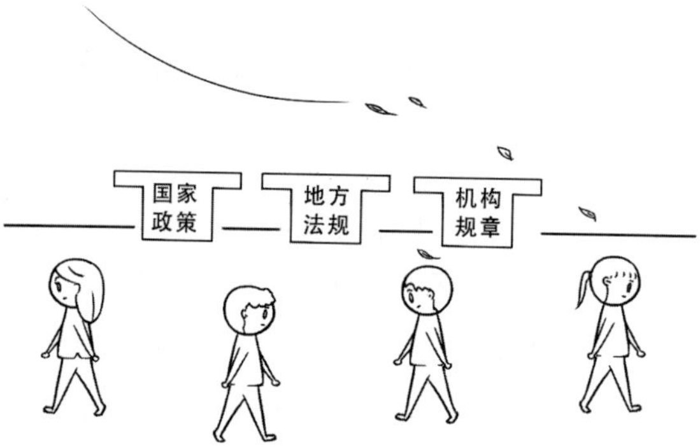

行业生态

在 2009 年，民政部下发的《关于促进民办社会工作机构发展的通知》（民发〔2009〕145 号），强调促进民办社会工作服务机构发展的重要性和紧迫性。2010 年《国家中长期人才发展规划纲要（2010—2020 年）》提出，到 2015 年，全国社会工作人才总量达到 200 万人；到 2020 年，社会工作人才总量达到 300 万人。在这两个政策的推动下，社会工作机构开始逐渐铺开，社会工作人才队伍建设也步上轨道，为推动中国社会工作行业的发展提供了重要的政策支持。

在中国，社会工作得以发展是与政策环境密不可分的，作为社工人员有责任对政策环境保持敏感度。对此，笔者梳理了近10年来国家层面发布的有关推进社会服务的法规与政策，供新入职社工参考。

年份	国家层面颁布的政策法规
2006	《国务院关于加强和改进社区服务工作的意见》 《关于印发社会工作者职业水平评价暂行规定》 《助理社会工作师、社会工作师职业水平考试实施办法的通知》
2009	《民政部关于促进民办社会工作机构发展的通知》
2010	《国家中长期人才发展规划纲要（2010—2020年）》 《中共中央办公厅国务院办公厅关于加强和改进城市社区居民委员会建设工作的意见》
2011	《国务院办公厅关于印发〈社区服务体系建设规划（2011—2015年）〉的通知》 《关于加强社会工作专业人才队伍建设的意见》
2012	《社会工作专业人才队伍建设中长期规划（2011—2020年）》
2013	《社会工作者职业道德指引》 《中国社会服务志愿者队伍建设指导纲要（2013—2020年）》 《民政部财政部关于加快推进社区社会工作服务的意见》 《关于确定首批企业社会工作试点地区和单位的通知》 《民政部关于加快推进灾害社会工作服务的指导意见》
2014	中共中央、国务院印发《关于加强禁毒工作的意见》 《民政部关于进一步加快推进民办社会工作服务机构发展的意见》 共青团中央、中央综治办、民政部等六部门印发《关于加强青少年事务社会工作专业人才队伍建设的意见》 《关于加强禁毒工作的意见》 《儿童社会工作服务指南》 《关于依法处理监护人侵害未成年人权益行为若干问题的意见》 《关于组织社会力量参与社区矫正工作的意见》 《国务院关于全面建立临时救助制度的通知》 《民政部财政部关于加快推进社区社会工作服务的意见》 《关于进一步加快推进民办社会工作服务机构发展的意见》
2015	《民政部办公厅关于公布首批全国专业社会工作领军人才遴选结果的通知》

二、地方政策推动社会工作的发展

中国地大物博，幅员辽阔，地方经济、社会发展程度参差不齐。如果说，国家层面的政策为社会工作行业指明了方向和道路，那么地方政府的政策与指导则进一步引导和帮助本地区落实社会工作行业的发展模式、服务体系、岗位设置和薪酬标准。其中，社工行业发展较快的广州市，地方政策推动了行业的发展。笔者也收集了一些广州地区的政策法规和发展关键资料，供读者参考。

年份	广州地区社工发展关键
2005	《广州市社会工作者职业资格暂行规定》
2008	成立加强社会工作人才队伍建设工作领导小组及其办公室
2009	广州市民政局成立社会工作处 《中共广州市委、广州市人民政府关于学习借鉴香港先进经验推进社会管理改革先行先试的意见》
2010	《中共广州市委、广州市人民政府关于加快推进社会工作及其人才队伍发展的意见》 《广州市社会工作专业岗位设置及社会工作专业人员薪酬待遇实施办法（试行）》 《广州市财政支持社会工作发展实施办法（试行）》 《广州市政府购买社会服务考核评估实施办法（试行）》 《广州市扶持发展社会工作类社会组织实施办法（试行）》 《广州市社会工作专业人员登记管理实施办法（试行）》
2011	《中共广州市委、广州市人民政府关于全面推进街道、社区服务管理改革创新的意见》
2012	《广州市民办社会工作服务机构公共财政基本支持实施办法（试行）》

续表

年份	广州地区社工发展关键
2013	《关于印发广州市具备承接政府职能转移和购买服务资质的社会组织目录管理试行办法的通知》 《第一批广州市本级具备承接政府职能转移和购买服务资质的社会组织目录》
2015	《广州市扶持发展社会工作类社会组织实施办法》
2016	《广州市品牌社会组织评价指标体系（试行）》 《广州市民政局关于培育发展社区社会组织的意见》

10 年来，广州市政府为推动社会工作行业发展，成立专门的监管部门，并建立了基本的政府购买社会工作服务体系，完善薪酬制度、设置专业岗位、建立服务监管体系。从中不难发现，社工关注的薪酬、岗位和监管都在政策中有所体现，关乎社工的个人利益与前途命运。如果社工两耳不闻窗外事，仅是埋头做服务，很容易对自身的前途和职业生涯发展造成负面的影响。

三、政府购买社会工作服务运作模式

中国在短期之内已建立一个地方下放和发展不均衡的社工服务及专业社工体系，专业社工分布在四大领域：政府机构、事业单位、社工机构及社区。它们之间有不同的政府财政来源、工资、社会地位、功能、社工事业、发展前途、服务内容、专业程度及满意程度。其中大部分社工主要集中于社工机构中，而社工机构的发展主要依赖政府职能的转移，包括以下三种形式。

• 岗位购买。如深圳、东莞等地由政府出资向民办社工机构购买社工岗位，并将社工派驻到部门、社区、学校、医院、公益服务类事业单位等为某一特定群体提供服务。目前，深圳的购买岗位经费为75000元/人/年，其中79%为人员工资和社保，其余费用作为行政与活动经费。目前，深圳、东莞两市购买社工岗位2400多个。

• 综合服务项目购买。以广州、中山为代表，主要是政府以家庭综合服务中心、社工综合服务中心、社区综合服务中心等为平台，以面向家庭、青少年、长者、困难群体开展综合性专业服务为项目，出资委托民办社工机构承接运营的一种方式。目前，广州市有188家庭综合服务中心（包括街道家庭综合服务中心和社区家庭服务中心），中山市已设立24个镇区社工综合服务中心，深圳市已建成300多家社区综合服务中心。

• 专项服务项目购买或资助。根据服务对象情况、服务内容、服务要求、服务目标等进行综合预算，实行项目打包，由政府向社工机构购买或资助。如深圳2009年以来，安排专项资金面向社会征集社工服务项目，目前已共有58个项目获得1824万元资助。

四、广州市家庭综合服务中心的发展及现状

1. 基本情况

2010年，广州在学习香港综合家庭服务中心和新加坡家庭服务中心经验的基础上，在20个街道开展街道家庭综合服务中心建设试点工作。2011年7月，广州市委九届十一次全

会决定全面推行街道家庭综合服务中心建设试点工作。市委、市政府将街道家庭综合服务中心建设任务列入2012年广州市十件民生实事，要求到2012年上半年，全市每条街道至少建成1个家庭综合服务中心。[①]

目前，广州市有188家家庭综合服务中心由不同社会工作机构承办，服务领域包括家庭、青少年、老年、复康人士、外来务工人员等六大领域，同时规定各街道具体情况可以设立特色服务，包括残障、康复、社区矫正、社区专案、义工培训以及社区公共问题，综合运用个案、小组和社区工作手法进行介入。此外，广州市还设立了15个专项，提供了医务社工、戒毒、社区矫治等专业服务。

社工机构承接家庭综合服务中心项目需要走政府采购的招投标程序，区县民政局是合约组织实施的监督方，街道办事处为服务购买方（街道委托招标公司进行投/汇报工作），中标社工机构为服务提供方（陈香君，2014）。参与投标的机构需具备一定的资质，包括：注册时间，年检合格，社会组织评估达3A以上，理事会成员中有社会工作专业人士、监事，具备能够胜任服务的专业社工人员、主管和督导人员。

家庭综合服务中心的每个合约为期3年，每年政府会提供200万元的服务购买经费，其中60%用于人员工资；10%用于专业支持（包括聘请督导费用、社工入职培训和其他专业培训费用等）；10%用于开展专业服务和活动费用；10%用于日

① 广州市民政局、香港特区政府社会工作主任协会：《薪火相传——穗港基于广州市社工培训及顾问试验计划的反思与前瞻》，北京：中国社会出版社，2014年版，第5页。

常办公费用（包括办公耗材、保洁、安保、水电、场地维护等）；10%用于其他杂费（包括中标费用、评估费、机构年度相关税费等）。

2. 存在问题

（1）经费不足

广州市家庭综合服务中心全面铺开至今已有6年多，政府资助的资金依然维持在200万元/年。受通货膨胀的影响，200万元/年的经费已经十分拮据，且在这4年的时间里，有相当一部分的社工已经积累了一定的服务经验，寻求个人在职业生涯上的发展，并有更高的薪资期待。而家综现有的经费显然难以满足社工的“薪、心需要”，在一定程度上导致了机构人才的流失。

（2）评估体系尚有进步空间

自2015年8月起，广州市家庭综合服务中心项目评估已实现评估标准标准化、统一化，并在试行1年多后听取各方意见，进一步完善相关机制，包括明确评估方式、统一中末期评估机构等。广州市统一评估标准是一大进步，能在一定程度上加强对评估规范性管理。但在“三分天下”（三家不同机构承接三个不同地区的家综项目评估）的评估中，仍出现若干问题，包括评估专家多为高校老师，理论水平较高，但实务经验不足，以致在评估中未能很好地达成“以评促进”的目标。此外，由于目前评估体系仍处于探索期，每年一调整的评估方案，虽然是为了更好地促进家综运营发展，但也让承接服务机构倍感压力。

（3）招投标制度尚需完善

目前广州市家综项目的招投标分商务标、技术标及服务时数价格三个部分，从操作流程而言，由于并未有对标书内容真伪的识别，所以可能出现弄虚作假的现象；从此前的招投标结果来看，已经出现商务标满分的情况，这说明商务标的区分功能较弱，需要调整；技术标带有较强的主观性，考验评委的专业能力，但参与招投标的评委很少具有社会工作从业经验或实务经验，这会影响评选结果；服务时数部分，因为参与方希望获得项目，往往会报最高服务时数，而最高的服务时数往往是不合理的，不容易达至的，这可能为日后服务的提供埋下隐患。

（4）服务成效仍在评估中

仅2012—2014年3年间，广州市政府共投入9.65亿元，所有财政收入都来源于纳税人，无论是作为购买方的政府、纳税人和社会各界，都对家综服务的效果有着一定的期盼，也在反思财政投入是否值得。社会各界认为家综的服务成效仍不很明显，造成这一现象背后有着复杂的成因。

- 人才不足

专业人才是支撑行业发展的重要基础，行业是否能够吸引人才、留住人才是行业发展的关键。虽然这几年政府正在大力推动社工行业发展，然而社工的薪资水平在社会中仍然处于中等偏下的水平，难以长期留住人才。由于行业刚刚起步，并未形成系统的社工人才培养体系，年轻的机构与社工都需要时间在探索中成长，这些都直接反映于服务成效中。

- 社会福利体系尚待完善

在中国内地、中国香港、澳门、台湾地区乃至西方国家，社工都是社会福利资源的链接者，扮演着为困难群体提供福利资源信息、申请救助等角色。当下的中国，社会福利体系仍有提升的空间，面对各种层出不穷的社会结构性问题，仅凭社工的资源和能力难以在短期内解决复杂的社会问题。

- 社会服务成效难以衡量

与商业机构不同，社会服务的成效难以用数字和经济效益进行直观的衡量，许多个体问题如果不得到及时的介入，可能引发犯罪、群体性事件等社会问题。而社工服务发挥的是预防性的作用，在短期内很难有明显的成效，但从长期来看，却是维护社会良性发展不可或缺的重要内容。

从广州家综的发展我们不难窥见中国社会工作发展的现状和挑战。任何一个行业的发展和成熟都难免会出现问题，事物发展也都呈现螺旋式上升的规律。但总体而言，中国社会工作的发展依然在曲折中前进，初出道的社工既需要理性认识行业现状，同时也要保持热情和信心，才能在社工这条路上走得更远，走得更好。

五、认识专业的生态及发展

社工专业的整体发展与社会问题息息相关。近年来，国内除了贫穷问题，也发生了一些变化，包括内地与香港的融合、人口老化、房屋需求增加、经济转型、数据通信、智能手机与社交媒体普及化等，令社会问题日益繁多，对福利服务的诉求也更趋多元化。今天，社工必须以更专业的模式配合社会的转变，以更新颖的手法为市民提供“以人为本”的服务。笔者认为，社工专业在今天的社会环境之中，要留意社工事业的情况，主要包括以下几个方面。

（一）专业生态

面对上述环境，社工特别是初加入者，应该知悉自己将会面对怎样的机遇或挑战。希望你有全域的视野，做到思维宽、视野广。

（二）社工个人层面上

1. 社工机构不断成立，社工人员紧缺，人员需求量很大，对毕业社工来说充满了机会。

2. 社工人员事业能力在逐渐提升，但火候不足，有待培育。社工事业仍在初始阶段，事业能力仍未有效发挥，但提供有效及令人有信心的事业服务则指日可待。

3. 工作成就感有待提升。一般来说，为他人排忧解难、赋权增能，对年轻人来说可能仍会感到力量不足，使社工在“感到自己的成长，认可自己的工作”上仍有一段距离，但是这种成就感还在持续增强中。

（三）机构层面

1. 初成立的机构在激励机制上仍不到位，社工对机构的归属感并不强烈。

2. 拖欠工资的情况已有改善，社工流失的情况正在减少。

3. 晋升机会多——机构增多，很多入职两三年的社工就当上了领域主管，甚至成为中心的主管。

（四）政策层面

1. 相关社会政策相继出台，有利提高社工的积极性，但仍需要留意执行过程中被逐层打压及相应监督的问题。

2. 社会认可性已有改善。社会工作刚起步不久，多数人对社工的认识还不够，得不到应有的承认和尊重。由于职业的特殊性，能产生的社会效益往往要有较长的时间才能体现。但这种情况已经在逐渐改善中，明天肯定会更好。

3. 社会工作本土化。社会工作是地道的舶来品。广东珠三角地区一直引智借力，引进新加坡、中国香港及台湾地区的一些成熟做法、经验和人才。为实行本土化，近年来，内地已经积极培训了本土社工督导。只有培养了解本土文化的优秀社工专业人才，外来社会工作理论才能实现本土化。

小结

初出道的社工们，切记：将你的视野拉宽1厘米，都将增加你对社会工作事业现有环境的认识。只有对事业生态在深度及宽度上有所认识，你才可以为自己定位和导航，实现稳步前进。

书后语

千变万化的社会问题为社工专业带来多方面的挑战，但同时也带来机遇。社工专业势将澎湃发展，认受性更高，将形成更灵活、更多元、更切合社会需要、更具效益的服务模式。政府将会继续在资源、规划、政策措施、服务模式、人才培训、建立社会资本、跨界别及跨境合作等多方面积极配合，投放资源。笔者希望各新入职专业社工能够有更广阔和宏观的视野，多认识现今全球、区域、国家和你服务地区的社会变化，认识社会上日益增加的多元问题和需要，了解和检视政府政策，持续进修，充实自己，无惧社工专业面对的挑战，迎接社会环境转变为社工专业带来的机遇，让国内每个人都认识社工专业是什么，接受社工是不可或缺的专业，最终是让社工专业在不同层面服务市民，以生命影响生命。

各位社工新人，你们是真理、公义的蓓蕾，散发着正向能量、阳光和爱心。不论是学校社工、医务社工、家综社工、企业社工抑或是院舍社工，希望你能通过个案、小组及社区等工作技巧，将希望、暖流、阳光带给需要我们服务的人，让他们最后都可以将自身问题解决，卸下重担，在逆境中振作起来。

社工新人们，我们必须不断装备自己，希望本书介绍的十一项操练能帮助你尽快由社工“新兵”成长为社工“精

向小鸭子学习

兵”。为要有效地去修炼，就让我们像小鸭子般内张外弛，迎接新的挑战。

谨记：十一项操练虽难，但也当勤加实践。

最后，我以我最喜欢的歌曲《一点烛光》的歌词作结，祝大家进步再进步，超越再超越，为我们的案主、组员及身处不利环境的人提供专业的服务，将暖流、阳光送给有需要的人。

盼可将烛光交给我　让我也发光芒
寒流里　愿同往　关心爱心似是阳光
我的心一般奔放　愿挺起我胸膛
如能以热和爱　自能导出心里光
凄冷中　望星与月也寒　我但要烛光照亮
谁愿意　步向康庄　谁亦要　走走看看
盼共我　结伴去　以心中暖流　和风对抗

关正杰

（作词：郑国江　作曲：陈秋霞　关正杰）[①]

① 资料来源：http：//www. xiami. com/song/27606，浏览日期：2016 年 12 月 24 日。

广州市同行社会服务发展中心

近年来，随着政府大力推进社会工作，专业社工队伍已经逐步形成，但在地域间仍然存在着资源投入和专业发展方面的差异。在此背景之下，2014 年 3 月莫世民先生与广州、北京、香港地区、台湾地区、成都、重庆等地从事社会工作教育、研究和实务的专家及督导一起发起成立广州市同行社会服务发展中心（以下简称广州同行）。广州同行是具有独立性、专业性的社会组织，致力汲取港台专业发展经验，扎根本土实践，为推动资源交流、经验共享创造平台。

广州同行成立至今，立足社工、社会组织和政府的需求，提供三大类型的服务。一是面向社工从业人员进行能力建设。包括实务工作坊、跟岗实训、高校 MSW 实务专题培训、社工职业水平考前培训等，根据不同群体的需求，精心挑选香港地区、台湾地区、广州等地具有丰富实务及管理经验的讲师开展系列工作坊，培训内容丰富多样，涵盖社会工作理论、实务技巧、机构规划、运营管理、评估等。二是面向社会组织提供督导和顾问咨询服务。面对多元的服务对象及社区问题和需求，社工机构需要不同领域的资深督导给予专业建议和指导。广州同行为各社工机构提供具有丰富经验的港台及本土资深督导，为机构工作人员提供情感支持、专业支持以及服务管理的咨询服务。三是面向政府提供社会服务专项研究。中心致力于依托专业及实地调研，为政府、决策者和业界提供最新的社会动向、民意数据和调查报告，为政策制定提供科学依据和智力支持。目前已承接的项目类型包括社情民意调研项目、社工机构培训需求项目、基层治理协同创新试点项目、养老院舍公办民营运营及可行性分析报告和养老事业发展规划研究项目等。

为了促进信息和资源共享，加深彼此之间的了解，广州同行以研讨会、分享会等形式为各地社工及社会组织搭建经验交流平台。广州同行一定继续秉持专业信念与社会责任，与社会工作者、社会组织和政府一同为推动中国社会福利事业及社工行业及持续健康发展而努力。

联系电话：020－82375047

邮箱：txing2014@ vip. 163. com

地址：广州市黄埔区广新路 66 号 3 楼黄埔区社区服务中心 308 室。

链接：http：//txing. org/

参考书目

［1］广州市民政局、香港特区政府社会工作主任协会：《薪火相传——穗港基于广州市社工培训及顾问试验计划的反思与前瞻》，北京：中国社会出版社，2013。

［2］社会工作者注册局：《注册社会工作者工作守则》，1997。

［3］徐增圆：《新世代工作者之工作价值观，期望报酬类型，暨两者相关因素与组织承诺的关系》，政治大学心理学系硕士论文，2001。

［4］高汉堡：《近来我国青年世代高失业问题的探讨：批判实在主义的研究取径》，东吴大学经济学系硕士论文，2004。

［5］王晓菲：《企业一线员工压力管理中的社会工作介入——以中山市某企业为例》，《社会工作与社会治理创新——第二届广东社会工作本色与本土论坛》资料，2015。

［6］刘战旗：《台前幕后：理解社会工作的一个新视角》，《中国社会工作》，2014.5（上）。

［7］梁炜朝：《社工是谁》，《改变中国社会的社工》，济南：山东大学出版社，2015。

［8］香港社会服务发展研究中心：《同心同行——香港顾问及深圳社工机构交汇点》，广州：中山大学出版社，2015。

［9］甘炳光、陈伟道、文锦燕：《坚守信念——给社工学生的 30 封信》，香港城市大学，2006。

［10］莫庆联：《莫忘初心》，香港：青森文化，2014。

［11］psw@ eumssco7：《P 牌社工》，香港：青森文化，2011。

［12］广东省社会工作师联合会：《用生命影响生命》，北京：中国社会出版社，2012。

［13］罗宝凤：《发现学习的真实面貌：正规教育的非正式学习》，《成人及终身教育学刊》，2004，12（3）。

［14］梁伟康：《成效管理：非营利社会服务组织全面实践战略》，香港：非营利组织卓越管理有限公司，2014。

［15］曾华源，胡会嫈，李仰慈，郭世丰：《社会工作专业价值与伦理概论》，台北：洪叶文化事业有限公司，2006，第 191 页。

［16］秦燕：《社会工作伦理》，台北：华都文化事业有限公司，2013，第 171 页。

图书在版编目（CIP）数据

新入职社工的十一项操练 / 莫世民著．-- 北京 ：
中国社会出版社，2017.4（2024.3 重印）
ISBN 978-7-5087-5641-7

Ⅰ.①新… Ⅱ.①莫… Ⅲ.①社会工作-基本知识-
中国 Ⅳ.①D632

中国版本图书馆 CIP 数据核字（2017）第 065285 号

出 版 人： 程 伟　　**终 审 人：** 李 浩
责任编辑： 余细香　　**策划编辑：** 余细香
责任校对： 张爱华　　**封面设计：** 时 捷

出版发行： 中国社会出版社　　**地　　址：** 北京市西城区二龙路甲 33 号
邮政编码： 100032　　**编 辑 部：** (010)58124839
网　　址： shcbs.mca.gov.cn　　**发 行 部：** (010)58124845；58124848
经　　销： 新华书店

印刷装订： 中国电影出版社印刷厂　　**开　　本：** 145 mm×210 mm　1/32
印　　张： 5.375　　**字　　数：** 110 千字
版　　次： 2017 年 5 月第 1 版　　**印　　次：** 2024 年 3 月第 6 次印刷
定　　价： 25.00 元

社工图书专营店　　中国社会出版社天猫旗舰店　　中社文库微信公众号